무명의 말들

후지이 다케시 칼럼집

무명의 말들

포도밭

지니에게

서문을 대신하여

이 책은 '유고집'입니다. '글쓴이 후지이 다케시'는 죽었고, 그가 남긴 글들을 모은 것이 이 책이기 때문입니다. 그래서 이 책에 수록한 글들은 전혀 수정하거나 가필하지 않은, 발표했을 때의 상태 그대로이며, 책 제목과 구성, 교정 등도 출판사에 일임했습니다.

한 가지 문제는 '유고집'인데도 저자 서문이 있다는 점입니다. 하지만 이것도 전례가 없는 것은 아닙니다. 1950년 초반에 출판된 『한국에서 최초로 발생한 국제간첩사건: 일명 김호익 수사일기』라는 책이 그 훌륭한 선례가 되어줍니다. 이 책은, 서울시경찰국 사찰과에서 '대공활동', 즉 빨갱이사냥에 앞장서다 암살당한 김호익 총경(1949년 6월 당시 경위였던 그는 소위 '국회프락치 사건'의 공적으로 7월에 경감으로 승진했다가 8월에 '순직'해 2계급 특진으로 총경이 되었습니다)이 남긴 수사일기를 펴낸 것이라고 밝히고 있는데도, 저자가 쓴 '머리말'이 실려 있습니다. 이런 사례도 있으니 이 책에 서문이 있는 것도 대한민국의 출판 역사에 비추어볼 때 그리 이상한 것은 아닐 수도 있겠지요?

이런 '변명'까지 다 해가면서 지금 서문을 쓰고 있지만 아주 최근까지 이 책을 낼 생각이 없었습니다. 물론 원래 그랬던 것은 아니었지만, 저의 부끄러운 삶을 직시해야만 하는 상황 속에서 제가 글을 써서 발표할 만한 인간이 못 된다는 것을 느끼게 되면서 더 이상 글을 쓰지 않기로 했고, 또 이미 쓴 글들도 묻어버리기로 했습니다. 이미 출판 계약까지 한 상태였지만 사람들의 기억 속에서 후지이 다케시라는 이름이 지워지기를 바라면서 책을 낼 수는 없었습니다.

그런데 11월 초반 어느 날, 생각이 바뀌었습니다. 오랜만에 옛 버릇이 발동해서 '후지이 다케시'를 포털에서 검색해봤더니 어떤 모르는 분이 책으로 나오지도 않은 이 원고들을 자신의 블로그에서 소개하고 있는 것을 보게 된 것입니다. 긴 글은 아니었지만 읽는 내내 눈물이 멈추지 않았습니다. 그 글을 보면서 제가 내놓은 글은 이미 제 것이 아님을, 제가 마음대로 묻어버릴 수 없는 것임을 깨달았습니다. 또 그 블로그 글에서 좋다고 인용된 부분은 대부분 제가 좋아하는 사람들의 말을 인용하면서 쓴 것들이었는데, 제 역할이 어떤 사람이 남긴 말을 또 다른 사람들에게 전달하는 것이라면 더더욱 그 다리를 끊어버릴 권리가 제게 있을 것 같진 않았습니다.

그 분은 이 원고가 책으로 나오기를 바란다고 하면서 이렇게 글을 맺었습니다. "그럼 나는 이 책을 들고 차가 다니지 않는 횡단보도를 마구 뛰어다녀야지." 차가 다니지 않는 빨간불 횡단보도 위에서 마구 뛰어다니는 그의 손에 쥐어진 이 책을 보고 싶어졌습니다. 그날 바로 출판사에 연락해 책을 내달라고 부탁을 드렸습니다. 이 책은 당신께 드리는 선물입니다.

2018년 12월 1일
후지이 다케시

차례

서문을 대신하여　　　　　　　6

멈춘 세월, 흐르는 시간　　　　13
'현재'를 묻는다는 것　　　　　17
진실은 어떻게 만들어지는가　　21
왜 그들은 기업을 폭파했나　　　25
헌법에 따른 역사교육?　　　　29
'서북청년단'이 의미하는 것　　33
신호등 안 지키기　　　　　　　37
헌법재판소가 지키려는 것　　　41
시장에는 해방이 없다　　　　　45

학생에게 임금을!	49
내가 김기종이다	53
명복을 빌지 마라	57
선을 지키면 행복해져요?	61
흐린 날엔	65
폐를 끼치며 살기	69
인권에 예외는 없다	73
증오와 혐오 사이	77
헬조선의 동맹파업	81
'한-일 화해'는 다가왔다	85
'균형 잡힌' 역사교육이란?	89
분서와 학문의 자유	93
갈대처럼	97
옥바라지 기억하기	101
그리고 아무도 없었다	105
패배의 경험	109

"법대로"　　　　　　　　　　　113

세계 난민의 날에　　　　　　　117

혐오와 사드　　　　　　　　　121

모병제와 국민국가의 종언　　　125

공정성은 무엇을 지키는가　　　129

박근혜라는 스크린을 넘어　　　133

누가 싸우고 있는가　　　　　　137

더 많은 광장을!　　　　　　　141

어리석은 자의 비　　　　　　　145

"말도 편하게 못하겠다"　　　　149

무명으로 돌아가기　　　　　　153

선거는 어떻게 민주주의를 파괴하는가　157

'유희'를 떠올리며　　　　　　　161

"안보입니다"　　　　　　　　　165

차별금지법과 촛불민주주의　　　169

민주주의의 국경　　　　　　　173

후 캔 스피크 177
조직을 지키는 것과 운동을 지키는 것 181
누가 국가를 두려워하는가 185

·

물에 빠진 개는 쳐라 189
정치적 올바름, 광장을 다스리다? 203

멈춘 세월, 흐르는 시간

2014. 6. 1

4월 중순 이후 우울하게 보내는 시간이 부쩍 늘었다. 밑바닥을 드러낸 이 사회 권력층의 '꼬라지'도 그 원인이긴 하지만, 단지 '저들'이 문제라면 분노하고 욕하면 되는 것이지, 사실 우울해할 것도 없다. 그런데도 계속 마음이 무거운 이유는 '저들'만이 문제가 아니기 때문이다. 나를 자꾸 우울하게 만드는 것은 아무 일도 없었다는 듯이 무심하게 흘러가는 '일상의 시간'이며, 무엇보다도 거기에 나도 가담하고 있다는 사실이다. 이 사회 전체를 뒤흔든 사건이 일어났는데도, 나는 강의계획서에 있는 대로 강의를 진행했다. 물론 이 사건에 대해 이야기는 했지만, 그것은 어디까지나 부가적인 것이었다. 주말에도 추모의 시간을 따로 가지는 일도 없이 강의 준비를 하거나 마감이 가까운 글 같은 것을 쓰면서 지냈다. 가라앉은 세월은 계속 나를 붙잡고 멈추게 하려고 했지만, 나는 예정된 일상의 시간이 탈 없이 흘러갈 수 있도록 바쁘게 지냈다.

시급이 아닌 분급을 받고 일하기도 하는 이 사회에서 권력은 "가만히 있으라"고만 하지는 않는다. 권력은 우리가 일상 속에서 가만히 있는 것을 결코 바라지 않는다. 아니, 오히려 두려워한다. 자본가든 정치인이든 우리의 활동에 기생하는 이들은 우리가 멈추는 것을 무엇보다도 두려워한다. 그들의 일차적 명령은 "가만히 있지 말라"다. 5월 초반에 대통령까지 나서서 소비를 부추긴 것도 우리가 소비자로서 비교적 가만히 있었기 때문이다. 우리 삶의 거의 모든 부분을 삼켜버린 자본주의 체제는 그만큼 우리 삶에 의지하고 있다. 우리 모두가 우울증에 빠져 있으면 이 체제는 굴러가지 못한다. 그러니 권력의 초미의 관심사는 가만히 있어서는 안 되는 영역과 가만히 있어야 되는 영역을 나누며 조절하는 일이 된다.

　이 사건을 '세월호'라는 고유명사로 부르는 것의 위험성은 여기서 생긴다. 나를 포함해 대부분의 사람들이 세월호라는 배 자체와는 거의 무관하기 때문이다. 세월호, 단원고, 청해진해운과 같은 고유명사를 부각시키는 일은, 마치 그들을 기억하려는 작업처럼 보여도 사실은 망각을 위한 준비 단계로 봐야 한다. 청와대 대변인 입에서 나온 "순수 유가족"이라는 말이 단적으로 보여주듯이, 지금 이 사회를 유지하려는 이들이 노리는 것은 우선 이 문제를 특정 소수의 문제로 한정해 나머지 이들을 '일상'으로 복귀시키는 것이다. 그것만 성공한다면 나머지 일은 그야말로 시간이 해결해준다.

　지금 우리에게 필요한 것은 이와 같은 '고유명사화'에 저항하면서 기억하는 일이다. 그러기 위해서 고유명사를 빼고 이 사건을 '4·16'이라고 부르는 것도 하나의 방법일 수 있을 것 같다. '4·16'이라는 시간은 결코 '그들'만의 시간이 아니었다. 그 충격으로 일상이 깨지면서 우리 모두가 당사자가 됐다. 우리는 세월호를 공유하지는 않았지만 '4·16'은 분명히 공유했다. 우리가 기억해야 할 것은 죽은 이들만이 아니라 이들의 죽음을 지켜보면서 느낀 우리 자신의 붕괴감이다. 그 암담한 심정, 슬픔, 분노가 '4·16'이다.

나를 포함해 적지 않은 사람들이 느끼는 우울감은 몸속에 있는 '4·16'이 흐르는 시간에 저항하는 데서 생긴다. 그러니 이 우울증은 쉽게 치유되지 않을 것이며 쉽게 치유되어서도 안 된다. 누구는 망각을 요구하겠지만 그럴수록 우리의 우울증은 더 깊은 곳으로 잠적할 뿐이다. 2014년 4월 16일이 다시 돌아오진 않지만, 16일은 한달에 한번, 4월은 1년에 한번 꼭 돌아온다. 시간은 흘러도 멈춘 세월은 다시 돌아온다. '4·16'은 과거에 대한 기억이자 미래에 대한 약속이기에.

'현재'를 묻는다는 것

2014. 6. 29

요즘 화제가 되고 있는 『제국의 위안부』를 이제야 읽어보았다. 여러 느낌이 들었지만, 가장 문제로 느껴진 것은 '운동'을 바라보는 그의 관점이었다. '일본의 지원 운동'이 '정치화'되어 '제국 일본'만이 아니라 '현대 일본'까지 비판하게 되었다고 지적하면서 저자는 다음과 같이 말한다. "위안부 문제의 해결이 어려웠던 것은 바로 그런 식으로, 운동이 '현재'를 묻는 운동이 되었기 때문이기도 하다." 벽에 부닥친 느낌이었다.

내가 1990년대 일본에서 '위안부 문제' 해결을 위한 운동에 참여하게 된 이유가 바로 그것이 현재를 묻는 운동이라고 생각했기 때문이다. 물론 '일본군 위안부'라는 존재 자체는 과거에 속하지만 문제로서의 '위안부 문제'는 현재의 문제다. 그리고 현재라는 시간 속에서 나도 이 문제를 알게 되었다. 즉, 나는 현재라는 시간을 매개로 위안부 문제를 만난 것이다. 저자가 과거와 현재를 분리하는 까닭은 제국 일본과 전후 일본의 단절을 강조하는 입장에서 비롯된 것으로 보이지만, 이 문제를 과거의 문제로만 다루게 될 때, 이 매개로서의 현재, 바꿔 말해 '우리'를 가능케 하는 현재는 사라진다. 남는 것은 전문가에 의해 진실이 규명되어야 할 과거의 '위안부'뿐이다.

이와 같은 과거와 현재의 분리를 뒷받침하는 논리가 '당사자'와 '지원자'라는 이분법이다. 저자는 "결국, 지원자들의 의도가 아니었다 하더라도 위안부 문제 지원운동은 문제 해결 자체보다 '일본 사회의 개혁'이라는 좌파 이념을 중시한 셈이 되었다. 그곳에서도 '위안부'는 더이상 '당사자'일 수 없었다"는 식으로 당사자성의 문제를 제기한다. 이 평가는 국민기금이 정답이었다는 전제 위에서 내려진 것이기 때문에 그 타당성에도 문제가 있지만, 더 큰 문제는 '위안부 문제'를 '위안부 당사자'만의 문제로 국한시키려는 그의 시선이다. "당시 지원자/단체가 천황제 폐지를 향한 '일본 사회 개혁'의 지향보다 위안부 문제 자체에만 집중했다면 위안부 문제의 해결은 가능했을지도 모른다"는 평가는 그런 시선을 잘 보여준다. 결국 순수한 지원운동이 아니었기 때문에 실패했다는 이야기다. 이런 논법의 문제성은 지금 한국 사회의 맥락 속에 놓고 보면 더 분명해진다.

4·16 이후 현재까지 계속되고 있는 대규모 집회를 비난할 때 흔히 사용되는 말은 '세월호를 정치적으로 이용하지 말라'다. '박근혜 퇴진'을 내걸거나 청와대로 향하려고 하는 이들을 '순수한 추모가 아닌 다른 의도'를 가진 존재로 그려내 분리시키려는 시도는 언론을 통해 반복되고 있다. 그런데도 수많은 사람들이 거리에 나서는 이유는 그들이 '당사자'이기 때문이다.

1990년대부터 위안부 문제 해결을 위해 전개된 운동의 당사자 역시 '위안부 할머니들'만은 아니다. 당사자와 지원자라는 이분법은 운동 속에서 형성되는 '우리'를 깨고 각자의 위치를 다시 고정시킨다. 그러면서 당사자는 운동의 성과를 판정하는 기준이 되며 지원자는 그 성과를 위해 봉사하는 존재가 된다. 여기서 새로운 사회는 생성되지 않는다.

『제국의 위안부』는 중요한 성찰을 담고 있기도 하다. 위안부 문제를 통해 기지촌을 사유하고 또 자본의 문제를 제기하는 관점은 중요하다. 그런데도 결론으로는 "위안부 문제를 진정으로 해결하고 싶다면 기지 문제를 해결해야 하고, 그것을 위해서도 일본과의 화해는 필요하다", 즉 미군기지 문제를 해결하기 위해 일본과 화해하자는 엉뚱한 주장이 제시되는 이 괴리는 무엇일까. 그는 어떤 당사자인가?

진실은 어떻게 만들어지는가

2014. 7. 27

　세월호가 침몰한 지 벌써 100여 일이 지났다. 그런데도 짙은 안개 속에서 출항한 세월호는 지금도 안갯속에 있고, 그 주위에서 억측만 무성하다. 이제 정부 발표를 곧이곧대로 믿는 사람은 별로 없겠지만, 그렇다고 확실히 믿을 만한 다른 정보가 있는 것도 아닌 우리 앞에서 정부는 여전히 뻔뻔하기만 하다. 진실이 우리 손이 닿지 않는 데 있다는 감각이 나날이 퍼지면서 우리의 힘을 빼앗아간다. 이렇게 힘을 잃은 끝에 남는 것은 음모론이나 냉소주의뿐이다.

　4·16 참사 유족들을 중심으로 작성된 4·16 특별법

안의 정식 명칭은 '4·16 참사 진실규명 및 안전사회 건설 등을 위한 특별법안'이다. 여당과 야당이 각각 내놓은 특별법안이 '진상규명'을 내건 것과 달리 이 법안은 '진실규명'을 요구하고 있다. 이 차이는 사소한 것으로 보일 수도 있지만 아주 결정적이다. '진상'이라는 말이 기본적으로 어떤 대상에 관한 말인 데 반해 '진실'은 꼭 어떤 대상에 한정되기보다는 그 대상을 둘러싼 관계를 포함하고 있기 때문이다. 아무리 '객관적으로' 증명된 사실이라고 하더라도 아무도 받아들이지 않으면 그것이 진실이 되지 못하는 것처럼, 진실이란 항상 이미 어떤 관계의 표현이다. 그런 점에서 4·16 특별법안은 '4·16 참사'라는 사건의 진상을 밝힐 뿐만 아니라 그 사건을 둘러싼 관계들, 우리 모두가 포함되는 관계들에 개입하는 법안이기도 하다.

  이런 관점에서 보았을 때, 이 특별법안의 핵심이 수사권에 있다는 그동안의 논의 방식에는 어떤 한계가 있다. 특별위원회에 수사권을 부여해야 한다고 주장하기 위해서 과거사 관련 위원회들이 수사권을 가지지 못했기 때문에 철저한 조사를 할 수 없었다는 사례가 많이 언급되기도 했는데, '강력한 수사', '철저한 조사'와 같이 성과를 기준으로 평가되는 권력행사가 부각되면 그 수사권을 누가 행사하느냐는 문제는 흐려진다. 사실 4·16 특별법안이 여당이나 야당이 작성한 특별법안과 결정적으로 다른 점은 바로 그 수사권을 행사하는 주체의 구성에 있는데도 말이다.

 4·16 특별법안은 16명으로 구성되는 특별위원회의 절반인 8명(위원장 포함)을 피해자 단체에서 추천하는 것으로 규정했다. 이는 전체 20명 가운데 4명만 할당한 새누리당안은 말할 것도 없고 15명 가운데 3명을 피해자 단체가 추천하게 한 새정치민주연합안과도 큰 차이를 보이고 있다. 여기서 볼 수 있는 것은 진실을 규명하는 과정을 남들에게 맡기지 않으려는 유족들의 강한 의지다. 그런 의미에서 수사권 요구는 경찰이나 검찰에 대한 불신의 표현이라기보다는 진실규명 과정의 민주화라는 성격을 띠고 있는 것이다. 국가기구로 창설되는 특별위원회를 '민간기구'라고 부르면서 수사권 부여에 대해

부정적인 입장을 밝힌 법무부 장관의 견해는 그들이 무엇을 두려워하고 있는지 단적으로 보여준다.

    4·16 특별법안은 진실이란 밝히는 것이라기보다 만드는 것임을 시사한다. 밝힌다는 시각적인 표현이 의미하는 것은 빛을 비추어 눈에 보이게 한다는 것인데, 거기서는 밝혀야 할 진실은 이미 있는 것으로 상정되어 있으며 그 빛에 의해 얼마나 드러나느냐가 관건이 된다. 하지만 진실을 만드는 것으로 생각한다면, 진실을 누가 어떻게 만드느냐가 문제가 된다. 지금 국회 분위기로 봐서는 특검에 의한 '진상규명'이라는 선에서 특별법이 제정될 가능성이 높지만, 4·16을 낳은 이 사회를 바꾸기 위해 필요한 것은 일부 전문가에 의해 밝혀지는 진상이 아니다. 지금 우리에게 필요한 것은 진실을 만드는 열린 과정 자체이며 그것을 통한 사회성의 회복이다.

왜 그들은 기업을 폭파했나

2014. 8. 24

    40년 전 8월 30일 일본 도쿄의 미쓰비시중공업 본사 건물에서 폭탄이 터졌다. 사망자 8명을 포함해 400명에 가까운 사상자를 낸 이 사건은, 9월 23일에 '동아시아반일무장전선 늑대' 명의의 성명이 발표되면서 '일제 침략 기업에 대한 공격'이었다는 사실이 밝혀졌다. '늑대'에 이어 '대지의 엄니', '전갈' 등 동아시아반일무장전선의 다른 부대들도 등장하면서 미쓰이물산, 다이세이건설 등 일제의 침략과 식민지배 속에서 성장하고 당시에 또다시 아시아로 '진출'하던 기업들에 대한 폭파공격은 계속되었다. 동아시아반일무장전선의 활동은 이듬해 5월에 그들이 일제 검거됨으로써 막을 내렸지만, 조사 과정에서 더 충격적인 사실이 밝혀졌다. 미쓰비시중공업에 사용된 폭탄이 원래 열차를 타고 지나가는 천황 히로히토를 암살하기 위해 제작한 철교 폭파용 폭탄이었다는 것이다.(그래서 그들은 미쓰비시중공업 폭파의 효과를 충분히 예측하지 못했다.) 그들은 침략과 식민지배의 최고책임자인 히로히토가 아무런 책임도 지지 않고 태평스럽게 살아 있는 것 자체가 일제의 연속을 단적으로 보여주는 것으로 생각했다. 그래서 사람을 공격 대상으로 삼지 않았던 그들도 유일하게 히로히토만은 '처형' 대상으로 보았다. 히로히토를 죽이고 침략 기업을 폭파함으로써 일제의 침략을 멈추게 하려고 한 그들의 활동에는 일제의 역사를 끝내려는 강한 의지가 깔려 있었다.

물론 그들이 선택한 '폭파'라는 방법에 대해서는 부정적일 수밖에 없다. 그 결과를 제대로 예측하지 못한 미쓰비시중공업 폭파를 제외하면 그들의 활동에 따른 사망자는 없지만, 다른 기업 폭파로도 중상자를 포함한

27명의 부상자를 낸 것은 엄연한 사실이다. 하지만 중요한 것은 그들이 "일본인 혁명가로서 무엇보다 먼저 관철시켜야 할 것은 일제의 역사, 일제의 구조 총체를 '청산하는 것'"이라며 말로만 일제를 비판하는 것을 넘어 실제로 침략을 막기 위한 실천을 시도했다는 점에 있다. 죽음을 각오해 청산가리를 지니고 다닌 그들의 모습에서 볼 수 있는 것은, 침략의 역사의 연장선상에 있는 현재에 대한 철저한 거부다.

　　동아시아반일무장전선은 다른 신좌파 조직들과 달리 '전위당'을 건설하려고 하지 않았으며 미래의 비전에 대해서도 이야기하지 않았다. 그들은 오직 과거와 그 연장선상에 있는 현재만을 직시하며 그것을 단절시키는 것을 자신의 책무로 여겼다. 그들이 천황제 문제와 식민지배 책임 문제 등을 선구적으로 제기할 수 있었던 이유도 미래를 고민하기보다 현재가 어떤 과거에 의해 만들어졌는지 파고들었기 때문이다. 하지만 그들의 시도는 실패했으며 그들이 제기한 문제의식이 많은 시민운동에 의해 계승되었지만 일본의 역사는 끝내 단절되지 않았다. 지금 일본에서 일제의 망령이 넘쳐나는 것은 그 결과다.

　이것은 결코 남의 이야기가 아니다. 지금 한국 사회에서 필요한 것도 미래에 대한 고민이 아니라 현재를 구성하는 과거와의 대결이다. 과거가 차지하고 있는 그 자리를 비우지 않는 한 미래가 들어설 자리도 없다. 우리가 어떤 '적폐' 위에 있기에 4·16의 비극이 가능해졌는지 밝혀내고 그것이 더이상 연장되지 않게 하지 못한다면, 이 사회의 앞날 역시 일본과 다를 바 없다.

　지금도 광화문에서는 수많은 이들이 단식을 하고 있다. 단식이라는 행위를 통해, 과거를 연장시키는 일상의 시간이 거부되고 있는 것이다. 무장투쟁을 하지 않더라도 우리의 현재를 멈추게 하는 방법은 여러 가지가 있다. 더이상 이런 시간 속에서 살고 싶지 않다는 '거부'의 실천이야말로 미래를 가능케 하는 첫걸음이다.

헌법에 따른 역사교육?

2014. 9. 28

어제 황우여 교육부 장관이 방송을 통해 한국사 교과서 국정화 문제와 관련된 발언을 했다. 아직은 공론화 과정이라며 분명한 입장을 밝히지 않으면서 마치 누군가를 가려주기라도 하듯이 이승만 대통령이 한국사 교과서를 국정화했다는 '허위사실'을 유포하기도 하는 애매모호한 내용이었다. 하지만 한 가지 분명해 보인 것은 역사교육이 헌법을 따라야 한다는 입장이었다. 9월 초에 〈조선일보〉에 실린 한 시론도 '한국사 교과서는 대한민국의 헌법과 국체를 기준으로' 해야 한다는 주장을 했는데, 그동안 기존 교과서들을 비판하는 글에서 흔히 볼 수 있던 논리 중 하나는 이처럼 헌법을 근거로 한 것이다. 2011년에 중학교 역사 교과서 집필기준에서 '민주주의'를 '자유민주주의'로 바꿀 때 동원된 논리 역시 헌법에 명시된 '자유민주적 기본질서'라는 구절이었다.

    헌법에서 제시된 이념에 따라 역사교육을 해야 된다는 주장은 언뜻 보기에 설득력이 있어 보인다. 하지만 역사교육의 핵심은 학생들이 자신의 사유를 현재에서 벗어날 수 있게 하는 데 있다. 즉, 자명해 보이는 현재의 질서도 어떤 역사적 과정의 산물이며 그 과정 속에는 현재와 다른 다양한 미래의 가능성들이 있었다는 것, 그리고 지금도 그 과정은 진행 중이라는 것을 알게 하는 것이다. 그럼으로써 현재의 단순한 연장이 아닌 미래에 대해 스스로 고민할 수 있도록 돕는 것이 역사교육의 중요한 기능이다. 이런 점에서 보았을 때 헌법 역시 예외일 수 없다. 대한민국 헌법은 1948년에 제정된 이후 현재까지 총 9번에 걸쳐 개정되었으며 그 가운데 4번은 내용이 대폭 개정된 전부개정에 속한다. 더욱이 1962년과 1972년의 개헌은 헌법에 명기된 개정 절차를 따른 것으로 보기 어려워 사실상 개정보다 제정에 가깝다. 1987년 이후에는 개헌이 없어서 실감이 안 날 수도 있지만, 1948년부터 1987년에 이르는 불과 40년 사이에 9번이나 바뀔 정도로 대한민국 헌법은 유동적이었다.

　그럼 금과옥조처럼 이야기되는 '자유민주적 기본질서'는 어떨까? 1948년 7월에 제정된 대한민국 헌법의 조문을 아무리 들여다봐도 그런 구절은 찾아볼 수 없다. 잘 알려져 있듯이 이 구절이 들어간 것은 1972년, 소위 '유신헌법'이 제정될 때였으며, 처음 헌법이 제정된 1948년 당시 그 핵심이 자유민주주의라고 말하는 사람은 없었다. 헌법기초위원회 위원장은 국회에서 헌법정신을 '민족사회주의'라고 설명했으며, 실질적 기초자인 유진오는 그 핵심을 '경제적 사회적 민주주의'라고 하면서 정치적 민주주의와 경제적 사회적 민주주의라는 상반되어 보이는 두 주의가 조화되고 융합되는 새로운 국가 형태의 실현을 목표로 삼은 것이 대한민국 헌법이라고 말했다. 1949년에 발행된 고시생을 위한 참고서에서도 '대한민국 헌법이 지향하는 경제적 원칙을 논함'이라는 문제에 대한 답은 '정치적 법률적 민주주의와 경제적 사회적 민주주의와의 융합, 자본주의와 사회주의의 개량주의적 조화를 기도하여 새로운 국가 형태를 실현함을 목표로 삼고 있는 것'이었다. 이처럼 제헌 당시의 헌법적 가치는 현재와 달랐다.

역사 속에서 헌법적 가치는 바뀌어왔으며 앞으로도 바뀔 수 있다. 현행 헌법을 절대적 기준으로 삼는 것은 주권자가 가진 헌법을 바꿀 권리를 부정하는 것이나 마찬가지다. 40년 전 박정희 대통령은, 본인은 자의적으로 개헌을 강행했으면서도 긴급조치 1호를 통해 주권자인 국민이 헌법에 대해 왈가왈부하는 것 자체를 금지시켰다. 현행 헌법을 절대화시켜 역사교육을 통제하려는 정부의 자세에서는 긴급조치 1호의 그림자가 엿보인다.

'서북청년단'이 의미하는 것

2014. 10. 26

벌써 한 달 전 이야기지만, 처음 '서북청년단 재건 준비위원회'라는 이름을 들었을 때 의아했다. 역사적으로 '서북청년단'이라는 조직이 존재하지 않았기 때문이다. 월남한 서북 출신 청년들을 중심으로 1946년에 결성되고 1948년에 대한청년단으로 통합된 청년단 이름은 서북청년회다. 그런데 왜 '서북청년단'일까?

그러다 1970년대 중반에 '서북청년단'을 주인공으로 한 영화를 발견했다. 1976년 2월에 개봉한 영화 〈서북청년〉은 서북청년회 위원장이었던 선우기성을 주인공으로 해방 직후의 좌우대립을 그린 것인데, 기획 단계

제목이 '서북청년단'이었으며 실제 영화에서도 그 단체는 서북청년단이라고 불린다(안타깝게도 직접 볼 수 없어서 대신 심의대본을 봤다). 이 영화는 그런대로 흥행에 성공해 같은 해에 후속편인 〈대의〉(이 영화는 다행히 볼 수 있었다)도 제작되었는데, 여기에 등장하는 것 역시 서북청년단이다.

유신시대 한가운데서 제작된 이 영화가 서북청년단이라는 잘못된 이름이 대중화되는 데 얼마나 기여했는지는 확인하기 어렵다. 하지만 이 영화의 존재는 서북청년단의 등장이 무엇을 의미하는지 다시 생각하게 해준다.

우선 이 영화는 역사물이라기보다는 액션물이다. '공산당'이 보낸 자객에 의해 살해된 동지의 원수를 갚기 위해 외부의 도움도 없이 홀로 싸우는 그들의 모습은 조폭영화를 방불케 한다. 실제로 이 영화를 찍었던 감독은 액션물로 유명했던 이들이며 〈대의〉의 클라이맥스 역시 서북청년단의 훈련부장이 '공산당'의 간부와 맨주먹으로 혈투를 벌이는 장면이다. 이제 와서 서북청년단을 자처하는 이들이 하고 싶은 것이 이런 '영웅놀이'이겠구나 하는 생각도 들지만, 이 영화에서 가장 중요한 점은 서북청년단 관계자와 '공산당' 외에 또 다른 위치에 있는 이들이 거의 등장하지 않는다는 데 있다. 서로 싸우는 그들에게는 함께해야 할 대중도 없고 따라서 만들어야 할 사회도 존재하지 않는다.

서북청년단이 스크린에 등장했던 1970년대는 그와 유사한, 해방 직후를 무대로 한 대중적 반공물이 부쩍 늘었던 시기였다. 국사 교과서가 국정화된 사실이 단적으로 보여주는 것처럼 국가가 역사를 본격적으로 활용하기 시작하는 데 발맞추어 당시 대량생산된 반공 현대사물의 특징 역시 능동적인 대중의 부재에 있다. '악랄한 공산당'과 싸우는 수사기관의 활약은 수동적인 대중을 배경으로 펼쳐진다. 해방되자마자 전국 각지에서 건국준비위원회를 조직해 자치공간을 스스로 만들어내던 대중들의 모습은 지워지고 그 자리를 청년단이나 수사기관이 차지하는 것이다.

그런데 여기서 더 생각해봐야 할 것은 유신시대에

재현된 해방 직후의 모습이 오히려 당대 사회를 어느 정도 반영했을지도 모른다는 점이다. 작가 조세희는 70년대를 회고하면서 실제 정치적 압제에 시달린 사람은 "말할 수 없이 적은 소수"에 지나지 않았다며 "강압 통치자들이 무슨 짓을 하든 가만히만 있으면 자신과 가족에게 아무 일도 일어나지 않았기 때문에, 순응과 무저항을 안전한 생활방식으로 터득한 사람들"에 대해 이야기한 적이 있다. 70년대에 만들어진 해방 직후 재현물에서 볼 수 있는 대중의 부재는 바로 그 시기 대중의 침묵에 상응한 것이었을지도 모른다. 이미 대중이 관객석을 선택하고 있는 이상, 무대 위에서 그들의 모습을 볼 수 없는 것은 어쩌면 당연한 일이다. '말할 수 없이 적은 소수'를 고립시키며 순응하는 대중을 스크린으로 서북청년단은 활개를 칠 수 있었다. 그렇다면 2014년에 다시 등장한 서북청년단은 우리의 어떤 모습을 보여주는 것일까?

신호등 안 지키기

2014. 11. 23

"합당하지 않은 사소한 법들을 매일 어기도록 하세요." 미국의 인류학자 제임스 스콧이 최근에 번역된 『우리는 모두 아나키스트다』에서 한 말이다. 이것만 놓고 보면 법을 어기라고 선동해 사회질서를 파괴하려는 아나키스트다운 말이라고 생각될지도 모르겠지만, 그는 단순히 사회질서를 파괴하자고 이런 말을 하는 것은 아니다.

동남아 농민들에 대한 연구로 1970년대 후반부터 세계적으로 알려진 인류학자인 스콧이 자신의 입장을 아나키즘이라는 말로 표현하기 시작한 것은 최근의 일이다. 몇십년에 걸쳐 소농을 비롯한 '약자들'의 저항에 관심을 기울여온 그가 발견한 것은, 모든 것을 규격화하고 관리하려는 국가와 그런 통치에서 벗어나기 위해 다양한 전략을 구사하는 사람들의 투쟁의 역사였다. 국가에 대항하며 자율적으로 살아가는 이들의 모습이 그를 자연스럽게 아나키즘으로 인도한 것이다. 그래서 그의 아나키즘은 전혀 이념적이지 않고 철저하게 경험적이다.

앞의 인용은 독일에서 그가 겪은 경험에서 나온 말이다. 자동차가 다니지 않는데도 신호가 바뀌기를 기다리는 사람들의 모습을 계속 지켜보면서 스콧은 그들에게 신호를 위반하는 것이 얼마나 중요한지 이야기하고 싶어졌다. 그는 우리가 "앞으로 언젠가는 정의와 합리의 이름으로 중요한 법을 어기라는 요청을 받게 될" 때에 대비할 필요를 이야기한다. 우리의 운명을 좌우하게 될 그날에 대비하기 위해 그가 내놓은 것이 '아나키스트식 유연체조', 즉 신호 위반을 비롯해 합당하지 않은 법을 매일 어기자는 것이었다. 어떤 법이 정의롭고 합리적인 것인지 자신의 머리로 직접 판단하는 훈련을 통해 날렵하고 민첩한 정신자세를 유지할 수 있으면, 중요한 날이 왔을 때 우리는 준비가 되어 있을 거라는 이야기다.

스콧이 권장하는 법규 위반은 '미래의 그날'을 위한 준비체조로 자리매김되어 있지만, 사실 이런 실천들 자체가 '미래의 그날'을 만드는 것이라고도 할 수 있다. 누구나 한두 번은 그런 경험이 있을 텐데, 아무리 사소한 법규 위반이라도 자신의 판단으로 의식적으로 저지르게 될 때, 사람은 긴장감 속에서 많은 것을 스스로 생각하고 결정하게 된다. 그때 이미 우리는 우리의 운명을 좌우하게 될 순간 속에 있다. 이 순간 정치는 시작된다.

정치란 원래 법 바깥에 있다. 대의제민주주의의 핵심기관인 의회에서 하는 가장 중요한 일이 법의 제정 또는 그 개폐인 것은, 합법과 불법의 경계선이 늘 유동적이어서 그것을 그때그때 정하는 것이 바로 정치의 기능이기 때문이다. 정치는 항상 이미 불법행위를 전제로 하며 그런 토대 위에서 작동한다. 이런 점에서 보면 스콧이 이야기하는 '아나키스트식 유연체조'는 정치의 출발점이 될 수 있다. 물론 법을 어기기만 하면 된다는 이야기는 아니다. 그것은 어디까지나 출발점일 뿐 그 다음에 어떤 관계를 형성할 수 있느냐가 그 정치의 방향을 결정하겠지만, 우선 중요한 것은 우리를 정치적 주체로 만드는 것이 법의 테두리에서 벗어나는 순간 몸이 느끼는 긴장감이라는 점이다.

국가는 자꾸 우리를 둘러싼 다양한 위험에 대해 이야기하며 우리를 국가에 의지하게 만들려고 한다. 하지만 안전이란 국가에 의해서만 지켜지는 것이 아니다. 네덜란드의 한 작은 도시에서는 신호등을 없앰으로써 교통사고를 감소시키는 데 성공했는데, 이는 인간의 능력이 어떻게 발현되는지 잘 보여준다. '안전'을 보장해주던 신호등이 사라지자 운전자는 긴장을 유지하면서 주변에 있는 사람들의 움직임을 보게 되고 그로 인해 사고가 줄어든 것이다. 그들은 말한다. '안전하지 않은 것이 안전하다.'

헌법재판소가 지키려는 것

2014. 12. 21

'12월 전쟁설'에 대해 들어본 사람이 많을 것이다. 12월 14일 오전 4시 30분에 북한군이 땅굴을 통해 쳐들어온다는 황당한 이야기인데, 대부분의 사람들처럼 나도 비웃기만 했었다. 그런데 어이없게도 우리는 12월에 한국이 '전쟁 상태'임을 확인하게 되었다.

이번에 헌법재판소에서 내린 통합진보당 해산 결정이 보여준 것은 한마디로 전쟁의 논리다. 이석기를 비롯한 몇 명의 행위를 '내란음모'로 규정하려고 했을 때부터 그랬지만, 단순히 통진당에 대한 탄압이 목적이라면 국가보안법만으로도 충분했다. 그런데 굳이 정당의 위헌 여부까지 따지게 한 이유는 그들을 '범죄자'가 아니라 '적'으로 만들기 위해서다. 이는 국내 정치의 구도인 '보수-진보' 프레임이 자신들에게 불리하다는 것을 깨달은 보수 세력이, 국정원에서 개발한 '대세(대한민국 세력)-반대세(반대한민국 세력)'라는 프레임을 통해 국내 정치 차원의 대결을 내부와 외부 사이의 대결로 바꿔놓으려 한 것과도 궤를 같이한다. 헌재에서 확실한 근거도 없이 통진당이 추구하는 목표를 '북한식 사회주의'라고 단정하는 이유도 그들이 외부의 적이어야 하기 때문이다.

이런 전쟁의 논리를 법적으로 뒷받침하고 있는 것이 '방어적 민주주의'라는 개념이다. 서독의 기본법(헌법)에서 유래한 이 개념은 원래 '전투적 민주주의'라고 불리는데, 가치중립적인 절차적 민주주의를 넘어, '자유의 적을 위한 자유는 없다'는 말로 표현되듯이 헌법적 가치를 지키기 위한 비관용을 그 핵심으로 한다. 이런 개념이 등장한 배경에는 나치즘 경험, 즉 히틀러 독재를 막을 수 없었던 바이마르 민주주의에 대한 반성이 있었다.

그런데 중요한 것은 이것이 대중에 대한 불신의 표현이기도 하다는 점이다. 즉 대중은 당장의 이익을 위해 독재자를 지지해 '민주주의의 자살'을 선택할 수도 있기에 그것을 막을 수 있는 헌법재판소와 같은 '중립적'이고 '전문적'인 기관이 있어야 한다는 것이었다. '헌법의 수호자'를 자처하는 헌재가 벌이는 이 전투는 결국 독재자만을 대상으로 하는 것이 아니라, 주권자로부터 헌법을 지켜내기 위한 것이기도 한 셈이다.

대한민국 헌법에 헌법재판소에 관한 조항이 신설되고 정당 해산에 관한 권한이 부여된 것은 4·19혁명 직후에 이루어진 개헌을 통해서였다. 5·16 군사쿠데타로 인해 1963년에 다시 개헌이 이루어지면서 헌법재판소는 일단 사라졌다가 1988년 개헌에 의해 부활하게 되었다. 헌재가 없는 동안 정당의 위헌 여부는 대법원(또는 헌법위원회)이 판단하게 돼 있었다. 말하자면 헌재는 4·19혁명과 6월 민중항쟁이라는, 독재에 맞선 대중적 항쟁의 산물이었고, 독재자에 의해 헌법이 유린되는 것을 막기 위해 설치된 것이었다.

하지만 지켜내야 할 민주주의가 헌법이라는 형태로 물신화되며 헌재가 그 헌법의 수호자로 등장하게 될 때, 민주화의 주체였던 대중으로부터도 민주주의는 격리된다. 대중도 독재자와 마찬가지로 민주적 기본질서를 파괴할 수 있는 위험요소가 되는 것이다.

5·16 군사쿠데타가 발생하자마자 '혁명적 국가긴급권'이라는 논리를 동원해 쿠데타가 헌법질서를 수호하기 위한 것이었다고 주장하고 나선 헌법학자 한태연이 다름 아닌 4·19 혁명 직후 1960년 개헌의 중심인물이었다는 사실은, 헌법을 수호한다는 것이 무엇인지 단적으로 보여준다. 4·19 혁명의 주체들이 공산주의를 선택할지도 모르기에 그런 대중으로부터 헌법을 수호하기 위해서는 군사쿠데타도 정당화될 수 있었던 것이다.

헌재가 지키는 것은 헌법이다. 그럼 민주주의는 누가 지킬까?

시장에는 해방이 없다

2015. 1. 18

　올해는 해방 70주년이다. 돌이켜보면 10년 전, 해방 60주년을 맞이한 2005년을 전후한 시기에는 뉴라이트를 자처하는 이들이 등장해 해방전후사에 대한 재해석을 대대적으로 시도했다. 뉴라이트 하면 곧바로 '친일 미화' 같은 이미지를 떠올리는 사람이 많지만, 뉴라이트가 벌인 작업의 핵심은 해방이 지닌 가능성을 깎아내리는 것이었다. 통일독립국가 건설을 위한 좌우합작도 미소냉전이라는 국제정세 속에서는 어차피 실패할 시도였으며, 약소민족이 할 수 있는 것은 미국을 따를 것인지 소련을 따를 것인지 선택하는 것뿐이었다고 그들은 말한다. 해방이란 국제관계 속에서 주어졌을 뿐이고, 그 국제관계 속에서 우리가 새로운 사회를 만들 가능성 또한 없었다는 것이다.

냉전의 절대적 규정성을 부각시켜 해방이 지닌 가능성을 아예 생각도 못하게 하려는 경향은 뉴라이트와 약간 결을 달리하는 교학사 교과서에서도 어김없이 반복되었다. 뉴라이트뿐만 아니라 '이명박근혜 시대'의 보수도 현대사 이야기에서 대한민국의 성공을 늘 강조하지만, 사실 그 밑바탕에는 어떤 비관적 인식이 깔려 있다. 미국을 중심으로 한 세계, 즉 글로벌시장에 편입되는 것은 거부할 수 없는 운명이며, '해방' 같은 소리는 집어치우라는 것이다. 다른 세상은 어차피 불가능하니까 말이다. 영국에서 신자유주의를 도입하면서 대처도 그런 말을 하지 않았던가. '대안은 없다.'

영화 〈국제시장〉이 전하는 메시지도 바로 이것이다. 흥남철수부터 시작되는 역사 서사 속에서 주인공은 늘 가족을 위해 자신을 희생하며 노력하는 인물로 그려지지만, 그가 속으로 힘들어하면서도 고된 길을 선택하는 이유는 항상 다른 도리가 없다고 생각하기 때문이다. 정전협정 체결을 알리는 라디오방송이 흘러나오는 가운데 어린 주인공이 남자애들에게 두들겨 맞는 장면은 그가 대한민국의 알레고리임을 단적으로 보여주는데, 그때 아무 저항도 하지 않고 맞기만 한 것처럼 그는 그 뒤에도 항상 주어진 조건을 순순히 받아들이며 그 속에서 최선을 다한다.

그에게 사회적인 조건은 자연적 조건과 마찬가지로 오직 운명처럼 받아들여야만 하는 전제다. 이 영화가 한국 현대사를 소재로 하면서도 그 시작을 1945년이 아닌 1950년으로 잡은 까닭은 우리가 스스로 그 조건을, 그 운명을 바꿀 수도 있다는 사실을 잊게 하기 위해서다. '국제시장'의 룰을 받아들이고 스스로 자신을 노동력으로 내다팔게 하려면, 해방의 기억은 방해가 될 뿐이다.

해방의 순간이란 움직일 수 없는 자연법칙처럼 보였던 사회질서가 사실은 자의적이고 인위적인 것임을 드러내는 순간이다. 다시 말해, 그 순간부터 사물 같았던 질서가 사람들의 모습으로 보이기 시작하는 것이다.

그런 순간을 삭제한 영화 〈국제시장〉에서 구체성을 띤 사람들의 모습이 거의 보이지 않는 것은 어쩌면 당연한 일일 것이다. 이 영화에서 주인공이 구체적인 관계를 맺는 존재는 친족 외에는 친구가 단 한 명 있을 뿐인데, 심지어 그 친구나 주인공과 결혼할 여성에 대해서도 이 영화는 많은 것을 말해주지 않는다. 그들은 어디까지나 주인공의 '친구' 또는 '아내'로만 존재하는 것이며, 그들에게도 있었을 다른 사회관계들은 완전히 지워져 있다.

사회적 조건들이 마치 자연적 조건처럼 비치는 것도 그 사회를 구성하는 사람들의 모습이 보이지 않기 때문이다. 가족을 주제로 한 것처럼 이야기되지만 사실 이 영화의 등장인물은 주인공 한 명뿐이다. 그리고 위기에 빠진 주인공을 구해주는 한국인 광부들이나 해병대가 아무런 구체성도 없는 추상적인 존재인 것처럼, 주인공의 고독은 국가에 의해 포획된다. 고독은 결코 해방으로 이어지지 않는다.

학생에게 임금을!

2015. 2. 15

이제 곧 3월이다. 봄이 오니까 좋긴 하지만 방학이 끝난다고 생각하니 조금 마음이 무거워진다. 특히 올해 1학기에는 1교시 강의가 두 번 있는데, 그 학교는 1교시가 8시부터(!)여서 이제 6시에 일어나기 위한 훈련에 돌입해야 하는 상황이다. 가르치는 나도 힘들지만 그 시간부터 강의를 들어야 하는 학생들은 또 얼마나 억울하고 힘들까. 대학 2학년 때 오후 4시 이전의 강의는 못 일어나서 들을 수도 없었던 나로서는 상상도 못하는 고역이다. 새벽까지 놀고 싶은 나이에 새벽부터 교실에 앉아 있어야 되다니. 돈을 받고 일하는 처지에도 괴로운데 왜 비싼 등록금을 내는 학생이 이런 고역을 치러야 되는 걸까? 이건 분명 노동이 아닌가?

사실 오래전부터 이런 문제제기는 있었다. 1967년 2월 이탈리아 피사대학교에서 정부가 추진하는 대학개혁에 반대하는 학생들이 학교 건물을 점거하면서 '피사 테제'라고 불리는 문서를 발표했는데, 이는 이탈리아 학생운동의 방향을 바꾸게 한 획기적인 것이었다. 여기서 그들은 학생을 '노동자계급에 속하는 사회적 존재'로 규정하며 학생들에게도 임금이 지불되어야 한다고 주장했다. 고도화된 자본주의 사회 속에서 대학의 기능이 특권적인 소수의 엘리트를 양성하는 것에서 고도의 능력을 가진 노동력을 배출하는 것으로 변화했으며, 말하자면 양질의 노동력 상품을 생산하기 위한 공장이 된 대학에서 학생은 생산되는 상품이자 스스로를 그런 상품으로 만들기 위해 일하는 노동자가 되었다는 논리였다. 학생이 사회가 재생산되는 데 필요한 우수한 노동력 상품을 생산하기 위해 일하고 있다면, 당연히 그 대가는 지급되어야 하는 것이 아닌가?

뜬금없는 주장처럼 보일지도 모르지만, 이것은 당시 이탈리아에서 전개되던 사회운동의 흐름과 맞닿아 있다. 60년대 이탈리아에서 등장한 '노동자주의'라고 불리는 이론적/실천적 흐름은, '사회적 공장'이라는 개념을 통해 자본주의에 의한 지배가 공장이라는 공간을 넘어서 사회 전체를 삼켰다는 견해를 제시하며, 생산 영역과 구분되던 재생산 영역 역시 자본주의 체제에 포섭되어 자본주의가 작동하기 위한 필수적인 구성부분이 되었음을 지적했다. 즉, 공장노동으로 대표되는 생산노동뿐만 아니라 가사노동으로 대표되는 재생산노동도 이미 자본주의적 생산의 필수불가결한 요소로 기능하고 있다는 것이다. 당시 이탈리아 페미니스트들이 내건 '가사노동에 임금을!'이라는 구호도 이런 관점을 통해 나타난 것이었는데, 모든 사회 영역이 공장이 된 이상 모든 사회적 노동에 임금이 지급되어야 한다는 주장은, 자본주의가 본질적으로 대가 없는 노동에 의해 지탱되고 있다는 사실을 역설적으로 보여주는 것이었다.

학생에게 임금을 지급하라는 요구는 이탈리아에서

학생들의 대학 점거가 확산되는 가운데 널리 공유되어 갔다. 물론 이탈리아 정부는 이런 주장을 받아들이지 않았고 학생들에 의한 대학 점거는 경찰력에 의해 해제되었다. 하지만 학생들의 저항은 끊이지 않았으며, 실제로 하나의 사회적 공장으로 대학이 필요했던 정부는 학생 임금 대신 대학교육을 무상화하는 것으로 대응했다. 1970년대 초반에 유럽 여러 나라에서 대학교육의 무상화가 실시되는데, 이는 '68혁명'이라고 불리는 학생 반란의 '소극적' 성과 가운데 하나였다.

노동자가 임금을 요구하는 것이 자본가에 대한 구걸이 아니듯이, 노동력 상품 생산자인 학생은 자신의 노동의 대가를 당당하게 요구할 권리가 있다. 비싼 등록금 문제가 무엇보다 학생들을 고립된 '개인투자자'로 만들어 배움이 지니는 사회성을 파괴하는 데 있다고 한다면, 학생들이 연대해 권리를 주장하는 것이야말로 고등교육의 사회성 회복을 위한 첫걸음이다.

내가 김기종이다

2015. 3. 15

중고등학교 다닐 때 애니메이션을 무척 좋아했다. 느지막이 그 세계에 뛰어들었기에 당시 예닐곱 가지가 있던 애니메이션 잡지 가운데 가장 비싼 것을 골라 매달 샅샅이 읽으며 '압축 덕후화'를 추진했다. 공부에도 사회에도 별 관심이 없었던 나에게 애니메이션의 세계는 거의 살아가는 낙 그 자체였다.

그러다가 고3 때 어떤 사건을 맞게 되었다. 소위 '연속 유아 유괴살인 사건'이다. 네 명의 어린아이들을 납치해 죽인 이 사건의 범인은 20대 청년이었는데, 그를 통해 일종의 사회문제로 부각된 것이 '덕후'(마니아를 일컫는 일본어 '오타쿠'를 한국어로 빗댄 말)였다. 티브이에서도 거의 매일 그의 '병적인 행태'가 보도되었다. 이런 분위기 속에서 나는 거의 외우다시피 하며 애독했던 애니메이션 잡지를 끊었다. 다른 '덕후' 친구들에게도 거리를 두기 시작하고 '덕후의 징후'로 보일 만한 것을 내 몸에서 지우려고 애썼다. 이번 주한 미국대사 습격 사건에 관한 언론 보도나 페이스북에 올라오는 반응들을 접하면서 떠오른 것이 이 창피한 기억이었다. 자신도 공격 대상이 될까 봐 친구들을, 그리고 무엇보다도 나 자신을 배신했던 기억.

폭력이란 직접적인 물리력으로만 존재하는 것이 아니다. 오히려 그것은 폭력의 예감을 통해 더 큰 효과를 발휘한다. 많은 이들이 김기종 씨에게 '극단적 민족주의', '정신질환' 등의 딱지를 붙여가며 자기와 구별하려고 한 것도 닥쳐올 폭력을 예감했기 때문일 것이다. 우리가 자꾸 '폭력에 반대한다'는, 그것 자체로는 아무 내용도 없는 말을 하게 되는 이유도, 우선은 '너도 테러리스트 아니냐'는 권력의 심문에 대한 대응이겠지만, 근본적으로는 이 예감을 떨쳐버리려는 데 있다. 이번 사건을 '한-미 동맹에 대한 공격'으로 간주하려는 정부와 여당을 비판하며 '개인의 돌출행동'으로 규정하려고 하는 행위에는, 우리의 일상이 한-미 동맹, 즉 압도적인 군사적 폭력에 의해 유지되고 있다는 사실을 직시하는 것에 대한 두려움이 깔려 있는 것이 아닐까? 폭력을 예감하면서도 그것을 애써 외면하려고 할 때, 우리는 거의 무의식적으로 자기검열을 시작하고 권력의 시선 아래 고독에 빠진다. 홉스의 사회계약론이 보여주듯이, 이 고독이야말로 '안전의 수호자'로서 국가권력이 등장하게 되는 바탕이다. 국가권력은 고독과 불신을 먹고 자란다.

이런 의미에서 김기종 씨가 휘두른 폭력 역시 고독의 산물이었다는 점도 중요하다. 최근에 그가 빠졌던 '독도 민족주의'는 기본적으로 상징 차원에만 존재하기 때문에 사회관계를 필요로 하지 않는다는 데 특징이 있다. 우파가 이런 민족주의를 즐겨 활용하는 것도 구체적인 사회관계들을 거치지 않고 개인과 국가나 민족을 곧바로 연결시킬 수 있기 때문이다. 거기에는 '독도는 어느 나라 땅이냐'는 답이 정해진 심문이 있을 뿐, 대화도 새로운 관계가 생성되는 여지도 없다. 일본 대사에게 콘크리트 조각을 던지고 미국 대사에게 과도를 휘두르게 만든 것은 바로 이러한 민족주의다. 바꿔야 할 대상으로서 사회가 보이지 않기 때문에 그는 남북분단 문제를 진지하게 고민하면서도 그 해법을 상징적인 '적'을 공격하는 고독한 행위에서 찾을 수밖에 없었다.

지난해에는 한국 사회의 민낯이 여지없이 드러났지만, 올해는 한-미 관계의 정체가 드러나고야 말았다. 광화문과 세브란스병원 앞에서 펼쳐진 '쇼'가 보여준 것은 사대주의라기보다 미국이 상징하는 강력한 폭력에 대한 공포심이다. 그들은 아무도 믿지 않기에 절대적인 힘과 자신을 동일시하려고 한다. 한-미 동맹이라는 이름의 군사적 질서는 이런 심성을 길러내고 또 그 심성에 뿌리를 내린다. 이러한 폭력에 대항하는 첫걸음은 그것이 강요하는 고독을 해체하는 일이다.

명복을 빌지 마라

2015. 4. 12

    4월 초에 처음으로 단원고를 찾아갔다. 1년이 지나서야 찾아간 안산 고잔동의 봄날은 1년 전에도 그랬을 것처럼 조용하고 따스했다. 꽃들과 메시지들만 가득한 2학년 교실을 둘러보고 유가족분의 이야기를 듣기 위해 이동하다가 천변에 걸린 노란 현수막에 적힌 한 글귀가 감상에 빠졌던 나의 정신을 차리게 해주었다. "함께 죽였고 함께 구하지 않았으므로 외면하고 망각할 권리가 우리에게는 없다." 작년 4월 16일 이후 수많은 사람들이 하던 '잊지 않겠다'는 맹세는 결코 선택의 문제가 아니다. '우리'에겐 그들을 망각할 권리 자체가 없다. 그들을 죽이고 그들을 구하지 않은 이 사회는 지금도 아무 일도 없었다는 듯이 굴러가고, 우리는 이 사회가 유지되도록 바쁜 나날을 보내고 있다. 우리는 여전히 살인자의 대오 속에 있다.

'가해자'라는 위치에 대해 고민할 때 항상 생각나는 글이 있다. 1939년에 징병되어 만주에서 근무하다 소련군의 포로가 되어 8년을 시베리아의 수용소에서 보낸 이시하라 요시로(石原吉郎)라는 시인의 글이다. 살아남기 위해서는 함께 있는 이들을 죽음으로 내몰아야만 했던 수용소 경험에 관해 쓴 '비관주의자의 용기'라는 글에서 그는 먼저 '가해'와 '피해'라는 구도에 대해 다음과 같이 말한다. "아마도 가해와 피해가 맞서는 자리에서는 피해자는 '집단으로서의 존재'일 뿐이다. 피해에 있어 끝내 자립하지 않는 자들의 연대. 연대를 통해 피해를 평균화하려는 충동. 피해의 이름으로 이루어지는 가해적 발상. 집단이기에 피해자는 잠재적으로 공격적이며 가해적일 것이다." 그런 한편 '가해자'에 대해서는 "사람이 가해의 자리에 설 때, 그는 항상 소외와 고독에 더 가까운 위치에 있다"고 말한다. 마치 '피해자'를 폄하하고 '가해자'를 평가하는 듯하지만, 이 문장은 다음과 같이 이어진다. "그리고 드디어 한 가해자가 가해자의 위치에서 스스로 탈락한다. 그때 가해자와 피해자라는 비인간적인 대치 속에서 비로소 한 인간이 생겨난다. '인간'은 항상 가해자 속에서 생겨난다. 피해자 속에서는 생겨나지 않는다. 인간이 스스로를 최종적으로 가해자로 승인하는 장소는 인간이 스스로를 인간으로서, 하나의 위기로서 인식하기 시작하는 장소이다." 수용소의 극한 상황을 살아낸 이 시인은, "가해와 피해의 유동 속에서 확고한 가해자를 자신에게 발견해 충격을 받고 오직 혼자서 집단을 떠나가는 그 '뒷모습'"에서 '인간'을 본다.

세월호 유가족, 특히 부모의 이야기에서 자주 볼 수 있는 것이 이 '가해자로서의 승인'이다. 유가족들이 계속 싸울 수 있는 것은, 그들이 '피해자'이기 때문이 아니라, 스스로가 가해자임을 깨닫고 자신을 가해자로 만든 위치에서 벗어나기를 선택했기 때문이다. 오히려 '피해자 집단'을 이루고 있는 것은 '이제 지겹다'고 투덜대는 이들이다. 자신의 위치를 깨닫지 않기 위해 집단 속으로 몸을 숨기며 잊히기만을 기다린다. 4월 16일이 되면 대통령을 비롯해 많은 이들이 희생자의 명복을 빌겠지만, 이 명복을 빈다는 행위는 희생자들을 저승으로 내보내 자신들의 가해 사실을 떨쳐버리려는 몸짓이 아닌가?

재일조선인 시인 김시종이 일본에서 5·18을 목도하면서 여러 편의 시를 지었다. '명복을 빌지 말라'도 그런 시 가운데 하나다. 마지막 구절만 인용한다. "억울한 죽음은 / 떠돌아야 두려움이 된다. / 움푹 팬 눈구멍에 깃든 원한 / 원귀가 되어 나라를 넘쳐라. / 기억되는 기억이 있는 한 / 아아 기억이 있는 한 / 뒤집을 수 없는 반증은 깊은 기억 속의 것. / 감을 눈이 없는 죽은 자의 죽음이다. / 매장하지 마라 사람들아, / 명복을 빌지 마라."

선을 지키면 행복해져요?

2015. 5. 10

　강의를 마치고 대개 버스를 탄다. 그 버스가 경복궁 앞을 지나가기 때문에 어쩔 수 없이 경찰버스를 보는 일이 많은데, 어느 날 무심코 경찰버스를 보다가 벽면에 적힌 '안전은 지키GO 사고는 줄이GO'라는 유치한 구호 밑에 서울지방경찰청과 함께 손해보험협회라는 이름이 있는 게 눈에 들어왔다. 찾아보니 작년에 〈MBN〉 쪽의 제안으로 시작되었다는 이 '안전 캠페인'에 손해보험협회는 처음부터 참여하고 있었다. 안전을 호소하고 사고를 줄이자는 말은 모두에게 좋은 것처럼 보인다. 그렇지만 보험회사가 사고를 줄이자고 하는 것은 좀 다른 이야기다.

　작년에 손해보험사와 생명보험사를 합친 전체 보험사의 순수익이 처음으로 은행을 앞질렀다고 한다. 이제 보험 업계는 한국 금융권에서 가장 많은 수익을 올리고 있는 것이다. 그렇지만 그 수익의 대부분은 자산운용을 통한 투자수익이며 실제 보험영업에서는 오히려 적자를 보이고 있다. 이 문제와 관련해 손해보험 업계에서 그동안 적자의 주된 원인으로 거론되던 것 중 하나가 자동차보험이다. 보험료 수입 가운데 장기보험에 이어 두번째로 큰 비중을 차지하는 자동차보험은 대중적인 반발이 생길 우려 때문에 함부로 보험료를 올릴 수도 없어서 그동안 업계의 골칫거리였다. 보험료를 올리는 것으로 손해를 상쇄할 수 없다면 어떤 방법이 있을까? 그들이 안전 캠페인에 적극적으로 참여하는 이유를 여기서 찾을 수 있다. 이미 막대한 이익을 챙기면서도 그들은 조금이라도 손해를 보지 않으려고 우리보고 사고 치지 말라고 한다.

　그들과 달리 보험에 가입하는 입장에서 보면, 보험

은 사고가 났을 경우 그 타격을 최소화하기 위한 안전장치다. 이런 안전장치가 있으면 사람들은 불확실한 미래를 두려워하지 않을 수 있고, 약간 무모한 도전도 할 수 있게 된다. 말하자면 보험이란 자유를 보장하기 위한 장치인 셈이다. 복지를 비롯한 사회안전망에 관한 논의가 20세기 전반에 중요한 화두가 된 것도 자유를 보장할 수 있는 사회제도에 대한 고민에서 비롯된 것이었다. 조금 극단적으로 표현하면, 보험의 역할이란 사고를 칠 수 있게 해주는 데 있다. 그런데 현재 보험사는 안전이라는 명분 아래 공권력과 손을 잡고 사고를 치지 말라고 한다. 작년부터 큰 화두가 되었던 '안전'에 대해 근본적으로 생각해볼 필요성은 여기서 생긴다.

　보험사 입장에서 안전이란 '무사고'를 의미한다. 보험사가 하는 일이란 미래에 대한 예측을 바탕으로 이루어지기 때문에 그들이 안정적으로 수익을 올리기 위해서는 모든 것이 예측 가능해야 한다. 여기서는 '사고' 역시 예측할 수 있고 계산할 수 있어야 하기에 우발적인 사태를 의미하는 사고는 근절 대상이다. 그런데 생물의 진화가 사고의 산물인 것처럼 사회의 변화는 사고를 통해 촉진된다. 아이들이 사고를 치면서 사회성을 키워나가는 것과 마찬가지다. 그런데 사고 치지 못하게 하려고 철저하게 감시하다 보면 아이들이 주눅 드는 것처럼, 무사고를 뜻하는 '안전'은 우리를 위축시키며 다양한 가능성을 닫아버린다. 사고를 없애려고 하는 이들이 무엇보다 두려워하는 것이 예측할 수 없는 변화, 곧 현재의 연장이 아닌 미래이기 때문이다. 물론 사고에는 고통이 따를 수 있다. 하지만 그 고통을 개인만이 감수하지 않아도 되도록 존재하는 것이 사회가 아닌가?

  최근 몇 년 동안 대중교통에서 경찰 홍보물이 자주 눈에 띄는데, 요즘 많이 보는 것이 '선을 지키면 행복해져요'라는 캠페인이다. 선을 지키면 행복해진다는 이 말이 거짓말이라고 생각하지는 않는다. 단지 이 문장의 주어가 생략되어 있는 것이 문제일 뿐. 선을 지키면 누가 행복해질까?

흐린 날엔

2015. 6. 7

　강의 준비로 김승옥의 『무진기행』을 다시 읽었다. 주인공은 장인이 경영하는 서울의 제약회사에서 전무 승진을 앞두고 고향인 '무진'으로 잠시 내려간다. 그는 거기서 우연히 한 음악선생을 만나고 사랑을 느끼지만 결국 그 여성을 버리고 다시 서울로 떠난다. 줄거리만 놓고 보면 진부하지만, 이 소설은 다양한 이야기를 담고 있다. 특히 이번에 읽으면서 눈에 띈 것은 '어떤 개인 날'이라는 노래에 관한 부분이었다. 주인공이 술자리에서 만난 음악선생이 대학의 졸업 연주회 때 불렀다는 이 노래는, 실제 그 자리에서 부르게 되는 '목포의 눈물'과 대비되고 있다. 예전에 읽었을 때는 서울과 시골이라는 대비 속에서 단지 '세련된 서울'을 뜻하는 것쯤으로 생각했다. 그런데 '어떤 개인 날'은 뒤에서 다시 한 번 등장한다. 주인공과 음악선생은 성관계를 가진 다음 바닷가에 나가는데, 거기서 음악선생이 '어떤 개인 날'을 불러준다고 하자 주인공은 "그렇지만 오늘은 흐린걸" 하고 대꾸한다. 말장난 같은 이 대화를 통해 '어떤 개인 날'은 '흐린 날'과 대비된다.

오페라 〈나비부인〉에 나오는 '어떤 개인 날'은, 버림받은 주인공이 그래도 어떤 갠 날에는 임이 오신다고 믿는 노래다. 이는 '무진'에서 탈출만을 꿈꾸는 음악선생의 모습이기도 하다. 애절하긴 하지만 현실을 외면하고 헛된 희망에 매달리는 모습 말이다. 이렇게 갠 날이 오기를 꿈꾸는 대신 김승옥은 '흐린 날의 윤리'라고 할 만한 것을 제시한다. 위에서 본 둘의 대화 뒤에는 다음과 같은 문장이 이어진다. "흐린 날엔 사람들은 헤어지지 말기로 하자. 손을 내밀고 그 손을 잡는 사람이 있으면 그 사람을 가까이 가까이 좀더 가까이 끌어당겨주기로 하자."

　하지만 결국 주인공은 그 손을 놔버렸다. 결말에서 주인공은 서울로 떠나며 '심한 부끄러움'을 느낀다. 이를 통해 김승옥은 1960년대 초반에 외쳐지던 '조국 근대화'가 무엇을 외면하는 것인지 말한다. 흐린 날에 잡던 손을 놔버리고 홀로 탈출하는 행위가, '경제성장'을 추동한 바로 그 행위가 얼마나 부끄러운 짓인지 말이다. 하지만 단지 부끄러워하는 것으로는 상황은 달라지지 않는다. 50년 지난 지금은 과연 어떨까. 계속되는 흐린 날에도 서로의 손을 잡지 못하고 '어떤 개인 날'을 꿈꾸고 있는 것은 아닐까?

　이번 '메르스 사태'에서도 많은 사람들이 노무현을 그리워한다. 하지만 '유능한 정부'에 대한 기대는 우리의 실제 모습을 외면하는 행위가 될 수도 있다. 누군가가 우리를 지켜준다고 믿고 있는 한 우리는 스스로의 무지와 무능을 깨달을 필요를 느끼지 못한다. 정부의 무능을 탓할 때, 사실 우리는 우리 스스로가 유능해질 기회를 놓치고 있는 것이다. 지금 많은 사람들이 느끼고 있듯이, 우리가 살아가는 데 필요한 의학을 비롯한 지식들은 결코 특정 전문가들만 알고 있으면 되는 문제가 아니다. 또한 그들만이 알 수 있는 문제도 아니다. 일본에서 2011년 원전사고 이후 많은 시민들이 방사능에 대해 함께 배우며 시민과학자가 되어갔던 사례는 누구나 전문가가 될 수 있다는 것을 보여주었다. 필요를 깨닫게 되면 우리도 언제든지 전문가가 될 수 있다. 위기는 우리를 유능하게 만든다. 우리를 무능한 상태로 머무르게 하는 것은 스스로에 대한 불신이다. 정부가 '허위사실' 유포를 단속하겠다고 나서는 이유는 우리가 알아서 정보를 주고받으면서 전문가 집단에 대한 의지에서 벗어날 수 있다는 것을 알기 때문이다. 그들은 우리보다 우리의 힘을 더 잘 알고 있다.

지금 우리가 살고 있는 흐린 날이 언제 끝날지 알 수 없다. 그러니 손을 내밀고, 잡은 손을 좀더 가까이 끌어당기자.

폐를 끼치며 살기

2015. 7. 5

6월의 마지막 일요일, 서울시청 앞은 그야말로 퀴어(queer)한 공간이었다. 대규모로 치러진 퀴어축제도 그렇지만, 퀴어축제에 반대하며 광장을 에워싼 이들이 보인 모습은, '퀴어축제에 가면 퀴어가 된다'는 그들의 주장을 몸소 입증하려는 듯이 아주 퀴어했다. 태극기를 휘날리며 발레, 난타 공연 등등을 선보인 그들의 모습은 외신기자가 축제의 일부로 착각할 정도였으니, 이렇게 반대하는 이들조차 퀴어하게 만들었다는 점이야말로 이번 퀴어축제의 가장 성공적인 부분일지도 모른다. 이날 혐오세력의 일부 사람들은 퀴어에 '감염'되었다.

그렇지만 퀴어하게 북 치며 춤춘 이들은 대부분 여성이었고, 앞에서 연설하고 집회를 주도하는 것은 대부분 남성의 몫이었다는 점 또한 중요하다. 항문섹스가 마치 동성애의 본질인 것처럼 이야기하고 동성애를 권리로 인정하게 되면 국방이 무너진다고 주장하는 것에서 알 수 있듯이 그들이 문제 삼은 대상은 남성 동성애다. 반대집회에는 수많은 여성들이 참여하고 있었지만 그 기본구도는 어디까지나 '이성애 남성' 대 '동성애 남성'이었으며, 사실상 거기에 여성의 자리는 없었다. 여성들은 퀴어축제에 대한 맞불의 필요성 때문에, 퀴어축제보다 더 튀는 모습을 누군가 보여주어야 했기에 동원되었을 뿐이다. 서울시청 앞에서 벌어진 퀴어 대결은 흥미로운 현상이었지만, 우리가 더 주목해야 할 대상은 여성들을 퀴어에 대한 일종의 '방역선'으로 삼고 스스로는 뒤로 빠지는 치졸한 남성들의 모습이다. 그리고 그것은 퀴어축제와 반대집회에 동시에 거리를 두면서 '제3자적' 입장에서 평론하는 적지 않은 사람들의 모습이기도 할 것이다.

혐오세력의 극단적인 반동성애 행동에 대해서는 부정적인 입장을 보이면서도 퀴어축제에서 볼 수 있는 '지나친 노출' 등에 대해서 거부감을 드러내는 사람들은 적지 않다. 그들은 소수자가 권리를 인정받기 위해서는 좀 더 신중해야 한다고 친절하게 조언을 해주기도 하는데, 사실 그 말은 인정받고 싶다면 우리에게 폐를 끼치지 말라는 소리다. 이는 혐오세력이 즐겨 쓰는 반대논리 중 하나인 '소수자의 인권 주장이 다수자의 인권을 침해한다'는 논리와 별반 차이가 없다. 그런데 왜 폐를 끼치면 안 되는 걸까?

1970년대부터 일본에서 활발한 활동을 전개한 '푸른 잔디 모임'이라는 뇌성마비자단체가 있다. 그들은 뇌성마비자임에 대한 자각을 바탕으로 강렬한 자기주장을 했는데, 행동강령 중에 이런 말이 있다. "우리는 문제 해결의 길을 선택하지 않는다. 우리는 안이하게 문제를 해결하려는 것이 얼마나 위험한 타협의 출발이 되는지 몸소 느껴왔다. 우리는 계속 문제제기를 하는 것만이 우리가 할 수 있는 운동이라 믿고 행동한다." 이런 강령에 따라 이들이 벌인 행동 가운데 하나가 기차역 등에 엘리베이터를 설치하는 것에 대한 반대였다. 엘리베이터가 설치되면 뇌성마비자를 비롯해 휠체어를 타고 다니는 장애인들은 혼자서도 이동할 수 있게 된다. 당연히 환영해야 할 것으로 보이는 이런 조치에 그들이 반대한 이유는, 이를 통해 '정상인'들과 장애인들의 어떤 만남이 사라질 수 있기 때문이었다. '정상인'과 장애인이 함께 산다는 것은 휠체어를 들고 계단을 함께 올라가는 것을 통해 가능해진다고 그들은 보았다. 적극적으로 폐를 끼치는 것을 통해 그들은 이질적인 존재들이 함께 산다는 것이 무엇인지 강렬한 문제제기를 한 것이다.

퀴어축제에서 볼 수 있었던 어떤 모습은 불쾌감을 불러일으켰을지도 모른다. 하지만 그 불쾌감이 우리 몸에 새겨진 감각을 다시 생각하는 계기가 된다면, 그 불쾌감은 오히려 새로운 사회관계에 출발점이 될 수 있다. 서로 폐를 끼치기에 우리는 함께 살고 있는 것이다.

인권에 예외는 없다

2015. 8. 2

10년 전쯤 이야기다. 대학원 박사과정을 수료하고 학적을 유지할 수 있는 연구등록기간도 끝난 무렵, 출입국관리사무소에서 비자가 곧 만료된다는 연락이 왔다. 학적이 없어졌으니 이제 유학생비자도 끝난다는 것이었다. 행정적으로 보면 당연한 일이겠지만, 자연스럽게 이 사회의 구성원으로 살아가고 있는데 국적이 다르다는 이유로 떠나야 한다는 게 근본적으로는 이해가 되지 않았다. 왜 내가 여기에 존재하면 안 되는 걸까?

납득은 되지 않았지만 일단 '불법체류자'가 되는 것을 피하기 위해 한번 출국했다가 다시 입국한 다음 부랴부랴 혼인신고를 해서 배우자비자를 받았다. 나중에는 영주권까지 얻어서 법적으로는 안정적으로 살 수 있게 되었지만, 국민이 아니라는 이유 하나로 존재 자체를 부정당한 느낌, 그때의 그 억울함은 아직도 잊히지 않는다. 외국인으로 산다는 것은 기본적으로 언제 그 존재를 부정당할지도 모른다는 불안 속에서 사는 것을 의미한다.

　나는 일단 그런 불안정한 처지에서 벗어났지만 아직도 대부분의 외국인들, 특히 이주노동자들은 그런 불안 속에서 살아가고 있다. 평소에는 거의 잊고 살지만 나도 이주노동자이기 때문에 올해 6월 24일에 대법원에서 나온 판결은 아주 반가운 소식이었다. 2005년에 이주노동자들 스스로가 조직한 노조인 '서울경기인천이주노동자노동조합'(이하 이주노조)의 설립신고를 반려한 서울지방노동청의 행위가 위법하다는 판단을 내린 것이다. 서울지방노동청이 노조 설립신고를 반려한 이유는 취업 자격이 없는 외국인이 주된 구성원이기 때문에 노조로 볼 수 없다는 것이었다. 그런데 대법원은 근로자성의 인정은 국적이나 취업 자격 유무와는 무관하며 불법체류자라고 하더라도 이미 고용관계에 있는 이상 노조법상의 근로자이기 때문에 노조를 설립하거나 가입할 수 있다고 판단했다. 대법원으로 넘어간 지 8년 이상이 지난, 너무나 늦은 판결이긴 했지만, 노동자의 기본적 인권이라고 할 수 있는 노동3권이 모든 이주노동자들에게도 인정된 역사적 순간이었다.

하지만 이 판결 이후 다시 설립신고를 한 이주노조에 대해 서울지방노동청은, 노조 규약에 있는 '이주노동자 합법화', '노동허가제 쟁취'가 정부의 노동정책에 반대하는 것이어서 노조 설립의 목적이 정치적 활동에 있다며 아직까지 노조필증을 내주지 않고 있다. 그들은 이주노조가 정치적이라고 하지만, 행정 차원에서 법의 집행을 미루는 이런 짓이 '정치적'인 것이고, 나아가서는 어떤 이주노동자들을 불법화하고 있는 것이야말로 '정치적'이라고 해야 할 것이다.

현재 '불법' 상태로 있는 외국인은 대략 20만명 정도인데, 이렇게 많은 '불법체류자'가 존재할 수 있는 데는 이유가 있다. 한국 자본주의의 최하층을 유지하는 데에 값싼 노동력으로 이주노동자들을 활용하면서도 그들에게 권리를 주지 않으려면 '불법'이라는 신분이 가장 유용하기 때문이다. 가끔씩 시행되는 단속도 그들에게 겁을 주는 것이 목적이지 결코 '불법체류자'를 없애려는 것은 아니다. 그런 의미에서 '불법체류자'라는 범주 자체가 정치적 계산의 산물인 것이며, 이주노조는 이러한 '정치'에 저항하고 있는 것이다.

 인권을 정치적 계산의 대상으로 삼는 행위는 인권의 근간을 뒤흔든다. 인권이 지니는 힘의 원천은 그 무조건성에 있기 때문이다. 예외를 인정한 순간, 권리는 무너지기 시작한다. 외국인이 예외가 될 수 있다면, 비정규직이나 다른 어떤 '소수자' 또한 예외가 될 수 있다. 그때그때 정치적 계산에 따라 예외의 범위는 얼마든지 확대될 수 있는 것이다. 지금 서울노동청 앞에서 노숙농성하는 이주노조가 맞서고 있는 것은 바로 이 예외화이다.

증오와 혐오 사이

2015. 8. 30

『구월, 도쿄의 거리에서』라는 책이 번역돼 나왔다. 한국에서도 '5월' 하면 특별한 울림이 있는 것처럼, 이 책은 '9월'의 어떤 울림을 들려준다. 지난해 일본에서 출판되어 큰 화제가 된 이 책은 원래 2013년 9월에 블로그에 연재된 글이었는데, 저자가 그토록 고집한 '9월'이란 1923년 9월, 즉 간토(관동)대지진 때 벌어진 조선인 학살을 의미한다.

간토대지진 당시의 학살에 대해서는 이미 많이 알려져 있다. 그런데 이 책이 전하려는 것은 역사적 지식과는 결이 다르다. '도쿄의 거리에서'라는 제목에도,

2013년 도쿄의 길거리에서 벌어진 혐한 시위 속에서 1923년 도쿄의 길거리에서 벌어진 학살의 잔향을 듣게 된 저자의 경험이 새겨져 있다. '역사'가 더 이상 지나간 '과거'가 아니게 되는 순간, 90년이라는 시간의 퇴적으로 덮여 있던 어떤 지층이 드러나는 그 사태를 함께 느끼게 하는 것이 이 책의 목적이다.

 혐한 시위에서 일제강점기에 사용되던 '불령선인'이라는 낱말이 부활한 것처럼, 혐한 시위를 벌이는 이들은 쉽사리 90년이라는 세월을 건너뛰었다. 이에 저자는 스스로도 그 90년을 건너뛰며 거기서 다시 시작하기 위해서 우리를 9월의 거리로 초대한다. 이 책에서 우리는 군이나 경찰만이 아니라 일본의 민중이 얼마나 잔인한 모습을 보였는지 목격하게 된다. 그와 동시에 조선인들을 목숨 걸고 지키거나 학살당한 이의 시신을 수습하고 묘비를 세운 일본인들의 모습도 접하게 된다. 이 책에서 그려지는 많은 장면들 가운데 학살당한 엿장수의 묘비를 세운 일본인 안마사의 이야기는 가장 감동적인 대목이다. 길거리에서 소리만을 매개로 맺어진 그들의 관계는, 시각을 통하지 않는 관계가 지니는 또 다른 모습을 보여준다.

　이 책은 많은 감정을 불러일으키지만, 내게 가장 무겁게 다가온 것은 학살을 저지른 평범한 이들이 보인 강한 증오였다. 이 책에는 조선인을 '원수'라고 부르면서 학살하(려)는 이들의 모습이 군데군데 나온다. 저자가 학살의 원인을 고찰한 부분에도 지나가는 사람들을 무조건 붙잡고서는 '너희가 우리 애를 죽인 거지, 어서 살려내!' 하고 칼을 들고 외치는 남자의 모습이 등장하는데, 갑자기 가족을 빼앗긴 이들이 지닌, 어디로 튈지 모르는 증오가 학살에 앞서 있었다는 점은 중요하다. 폭동으로 이어질 수도 있는 이 증오의 힘을 두려워했기에 치안당국은 그 힘이 조선인이라는 약자를 향하게 유도했고, 일상 속에서 이미 조선인에 대한 혐오를 가지고 있던 이들은 증오를 혐오로 연결시키며 학살자가 되기도 했다. 하지만 증오 자체에는 다른 가능성도 있지 않았을까.

　증오에 대해 생각할 때, 『금요일엔 돌아오렴』에 나

오는 한 세월호 유족의 이야기가 떠오른다. 결코 남을 미워해서는 안 된다고 굳게 믿고 착하게만 살다 아들을 빼앗긴 그는, 교황의 미사를 통해 용서하지 않아도 된다, 사람을 미워해도 된다는 것을 깨달았다고 한다. 이것이 진실규명을 위한 운동의 원동력이 될 수 있었던 것처럼, 증오에는 혐오와 다른 가능성이 있다. 혐오가 어떤 범주(인종, 민족, 성, 계급 등등)를 통해 작동하는 것과 달리, 증오에는 어떤 개별적 경험에서 비롯되는 구체성과 정리되지 않은 감정을 지닌 신체성이 있다. 아직 무엇이 될지 알 수 없는 증오의 힘을 통제하고 어떤 범주 속에 고정시키는 것이 혐오의 기능이다. 유동적인 관계들과 결부되어 있기에 사랑으로 반전할 수도 있는 증오의 가능성을 혐오는 봉쇄한다. 이를 거꾸로 말하면 어떤 혐오 속에도 증오의 힘이 있다는 말이 될 텐데, 혐오로 굳어진 증오의 힘을 다른 방향으로 풀어낼 수는 없을까. '9월의 거리'는 그런 질문을 던지고 있다.

헬조선의 동맹파업

2015. 10. 4

　헬조선이라는 말도 이제 우리 사회에 정착된 것 같다. 이 헬(hell)이라는 말을 보면서 미국의 활동적 지식인 리베카 솔닛이 쓴 『이 폐허를 응시하라』라는 책이 떠올랐다. 원제가 'A Paradise built in Hell'(지옥에서 세워진 낙원)인 이 책은, 그야말로 지옥과 같은 거대 재난 속에서 사람들이 보이는 상호부조적인 모습을 통해 일종의 낙원을, 그의 표현으로는 '재난 유토피아'를 우리에게 보여준다. 계엄군에 포위된 광주에서 '절대공동체'가 형성된 것처럼, 갑자기 닥쳐온 재난은 오히려 사람들이 즉흥적으로 권위를 필요로 하지 않는 공동체를 만들어낼 수 있게 만든다. 기성질서 붕괴에 공포를 느끼는 '엘리트들'로 인해 금방 파괴되곤 하지만, 기회가 있을 때마다 이 '유토피아'는 출현한다. "이 시대의 잠재적 낙원의 문은 지옥 속에 있다"는 저자의 말처럼, 지옥은 우리에게 어떤 기회를 제공한다.

솔닛의 통찰은 우리에게 많은 희망을 안겨주지만 동시에 이런 의문을 갖게 한다. 그렇다면 우리가 살아가고 있는 이 지옥에서는 왜 낙원으로 통하는 문이 보이지 않는 것일까? 우리가 아직도 충분히 지옥에 떨어지지 않아서? 이제 우리는 어마어마한 파국을 기다리며 종말론에 기댈 수밖에 없단 말인가. 그런데 최근에 본 〈위로공단〉이라는 영화는 이 질문 자체가 잘못됐음을 나에게 가르쳐주었다.

1970년대부터 현재까지 노동운동에 참여한 여성들의 이야기를 담은 이 다큐멘터리 영화는, 한국 현대사 속의 여성노동을 보여주기도 하지만, 이 영화에는 일반적인 다큐영화에서는 볼 수 없는 장치들이 있다. 영화 포스터의 이미지로도 사용되고, 실제 영화에서도 여성노동자들의 인터뷰 사이사이에 등장하는, 눈을 가린 소녀들의 모습이 그것이다. 영화 속의 소녀들은 다양한 노동현장에서 나온 목소리들에 나를 인도해주는 안내자처럼 보였다. 소녀들은 눈을 가렸기에 소리를 따라 더듬어가며 움직인다. 이 영화를 보는 우리도 그들과 함께 더듬어가면서 그 목소리들을 만나게 되는 것이다. 그리고 깨닫는다. 우리가 살아온, 이제 '헬'이라 불리는 이 세상이 하나의 공단임을.

〈위로공단〉은 우리가 보이지 않는 공단에서 오래전부터 함께 일하고 있다는 '사실'을 일깨워준다. 1970년대 '공순이', 2010년대 '콜순이', 그리고 캄보디아 여공들과 함께 우리는 특정 시공간을 넘은 하나의 '공단'에 있다. 과거 노동(운동)을 다룬 다큐영화들은 많았지만, 그 대부분은 과거의 특정한 시공간과 현재를 일대일로 연결시키는 것이었다. 하지만 〈위로공단〉은 흩어져 있(는 것처럼 보이)던 노동현장의 목소리들을 한데 모아 '역사적으로는' 존재하지 않았던 '공단'을 영화 속에서 만들어냈다. 어떤 시공간을 특정하고 그 속에서 시계열에 따라 사건들을 실증하고 정리하는 것을 기본원칙으로 삼는 '역사학'이라는 영역에서는 생각하기도 힘든 '반-역사적' 작업을 해낸 데 대해 부러움을 느끼지 않을 수 없다.

 이 영화의 '영상미'를 이야기하는 평들은 많고, 실제로 이 영화에 등장하는 영상들은 아름답다. 하지만 이 영화는 듣는 영화다. 영화 마지막에 등장하는 다리를 배경으로 여성노동자의 목소리들이 겹쳐지고 섞이는 장면은, 이들의 투쟁이 이 커다란 공단에서 벌어지는 동맹파업임을 알려준다. 그리고 어쩌면 우리도 이미 이 동맹파업에 참여하고 있는지도 모른다.

 지옥 속에서 우리는 먼저 눈을 감아야 한다. 눈을 감아 주변에서 들려오는 소리에 귀를 기울이며 더듬는 손끝에 감각을 집중시킨다. 그 손이 다른 손을 잡을 때 우리는 보이지 않는 어떤 문을 찾게 될 것이다.

'한-일 화해'는 다가왔다

2015. 11. 1

　오늘 한-일 정상회담이 개최된다고 한다. 한-일 관계 전문가가 아닌 내가 특별한 진단이나 예상을 할 수 있을 것 같지는 않다. 하지만 지금 한국에서 진행되고 있는 사태에 비추어보면 앞으로 한-일 관계가 어떤 방향으로 갈 것인지 큰 흐름을 예상해볼 수는 있을 것 같다. 그 사태란 다름 아닌 역사교과서 국정화 문제다.

　교육부가 10월 30일에 블로그, 페이스북 등에 올린 웹툰 '역사교과서는 진짜 대한민국 역사를 가르쳐야 합니다'는 지금 정부의 수준을 단적으로 보여주는 '작품'이다. 이 웹툰을 포함해 역사교과서 국정화를 둘러싸고 쏟아져 나오는 말들을 보고 있노라면 '망국의 징조'를 느끼지 않을 수 없지만, 일단 그건 제쳐두고 이 웹툰이 전하려는 메시지에 주목을 해보자.

이 웹툰의 핵심은 사실 여부를 떠나서 부정적인 역사를 배운 학생들이 "부끄러운 대한민국"에 충격을 받는다는 부분이다. "헐 우리나라가 이런 나라였다니" 하고 멘붕에 빠져 "이 나라에 태어난 것이 싫다…", "부모님 세대들도 한심해!" 하다가 "부끄러운 역사를 가진 우리나라. 떠나고 싶어. 다 나쁘고 다 미워"라는 식으로 생각을 하게 된다는 것이다. 역사교육 때문에 청년 자살률이 높다는 놀라운 해석과도 궤를 같이하는, '헬조선'의 원인도 결국 역사교육에 있다는 식의 논리다.

그런데 여기서 주목해야 하는 것은 이제 한국 정부가 일본 정부와 '화해'할 수 있는 입장을 분명히 한 것처럼 보인다는 점이다. 이 웹툰을 보면서 강한 기시감을 느꼈는데, 20년 전 일본에서 등장한 '새로운 역사교과서를 만드는 모임' 등 일본 역사수정주의자들이 내세운 논리가 바로 이런 것이었다. 그들은 '위안부 문제'를 비롯해 일본의 침략이나 식민지배를 가르치는 것이 '자학사관'이라며, 이런 것을 가르치고 있는 교과서를 바로잡지 않으면 국가의 정신적 해체 위기가 올 거라고 경고했다. 그 이후에도 계속된 이런 흐름 속에서 '성장'한 정치인이 다름 아닌 아베 신조였으며, 현재의 아베 내각은 그런 세력의 작품이기도 하다. 올해 이루어진 교과서 검정 과정에서도 관동대지진 때 벌어진 한국인 학살에 대해 '경찰, 군, 자경단에 의해 한국인 수천명이 학살되었다'는 서술은 '당시 사법성이 230명이라고 발표했다', '몇 명이 학살당했는지 정설은 없다'로 수정됐다. 전쟁을 할 수 있는 체제를 정비하고 있는 일본 정부 입장에서 '부끄러운 역사'는 큰 걸림돌이 되기 때문이다.

이런 일본 정부의 '고충'에 대해 한국 정부와 관료들이 깊은 이해심을 가지고 있다는 것을 이 웹툰은 잘 보여준다. 아베 방한을 며칠 앞두고 교육부는 우리도 같은 생각이라고 아베에게 환영사를 보낸 셈이다. 내용도 없는 '애국심'을 심어놓기 위해서는 침략이든 독재든 '부끄러운 역사'는 가르치지 말아야 한다는 점에서 그들은 이미 같은 입장이다. 역사문제를 두고 한국과 일본 사이에 갈등이 있다는 말은 정확하지 않다. 적대적인 척하면서도, 현재 정부를 장악하고 있는 그들은 뒤에서 손을 잡고 있다. 역사문제에 관한 전선은 국경과 일치하지 않는다.

박근혜와 아베 신조가 웃으며 악수하는 날이 왔다. 그들은 그들만의 미래를 위해 '화해'를 할 것이다. 그 '화해' 속에서 서로의 '부끄러운 역사'를 가려버리려고 할 것이다. 그런데 '부끄러운 역사'를 알게 되어 받는 충격은 '나'와 국가를, 우리와 그들을 구별할 수 있게 해주는 계기가 되기도 한다. 그들이 그토록 '부끄러운 역사'를 두려워하는 진정한 이유가 여기에 있다. '부끄러운 역사'가 주는 그 충격과 깨달음 속에서 그들과 다른, 우리의 미래는 시작될 수 있다.

'균형 잡힌' 역사교육이란?

2015. 11. 29

　국정 역사교과서 제작이 이제 본격적으로 시작된다. 집필진도 구성되었고 집필기준도 곧 발표된다고 하니 이제 실제로 쓰는 일만 남은 셈이다. 복면 집필진이 쓰는 교과서에 어떤 내용이 담길지 많은 사람이 궁금해하고, 친일과 독재를 미화하는 내용이 될까 봐 우려하는 이들 또한 적지 않다.

　그런데 흥미로운 것은 국정화의 논리가 '균형 잡힌 교과서'라는 점이다. 박근혜 대통령은 그동안 '균형 잡힌 교과서'의 중요성을 계속 이야기했고, 교육부 역시 '균형 잡힌 교과서'를 만들겠다고 하고 있다. '우편향' 교과서를 우려하는 이들은 이 '균형 잡힌'이라는 수식어가 숨은 의도를 감추기 위한 미사여구에 불과하다고 보겠지만, 이 점에 대해서는 조금 더 생각해볼 여지는 있을 것 같다. 이 논리가 어떤 일관된 흐름에서 나온 것처럼 보이기 때문이다.

그동안 일본에서 역사교과서에 대한 검정기준을 강화해 노골적으로 국가개입을 추진해온 아베 신조 총리가 누누이 강조해온 것 역시 '균형 잡힌' 역사교육의 필요성이었다. 한국 언론은 대체로 이것을 '역사 왜곡'이라는 표현으로 보도하지만, 실제로 올해 이루어진 검정 과정에서도 볼 수 있었던 것은 어떤 역사적 사건에 대해 여러 견해를 제시해 정설이 없다고 쓰게 하는, 어떻게 보면 '객관적인' 수정 요구였다. 그들은 대놓고 '대일본제국'을 찬양하고 '대동아전쟁'을 긍정하려는 서술을 강요하지는 않는다. 물론 '아직' 거기까지 나가지 못한 것뿐이라고 볼 수도 있을 것이다. 하지만 아베가 '교육개혁'을 추진할 때 모델로 삼은 것이 1980년대 후반 영국에서 마거릿 대처 총리가 추진한 '개혁'임을 떠올린다면 조금 다른 맥락이 보이기 시작한다.

　1980년대 후반 영국에서 역사교육이 정치적 이슈가 됐을 때도 발단이 된 것은 '편향 역사교과서'였다. 영국의 인종주의가 얼마나 심각한 것이었는지 가르치는 교과서를 공격하면서 대처 정부는 역사교육의 커리큘럼을 국가가 관리하게 만들었다. 그런데 대처는 늘 애국심을 강조했지만, 역사교육에 개입했을 때 그가 추진한 것은 애국심을 주입하는 식의 역사교육은 아니었다. 그가 실제로 한 것은 주제학습식 역사교육을 연표식 역사교육으로 바꾸는 것이었다. 교과서가 자유발행제이고 현장 교사들의 재량이 컸던 영국에서는 다양하고 자율적인 역사교육이 이루어지고 있었는데, 그런 교육을 '편향'으로 간주해 연표로 상징되는 '객관적'이고 '중립적'인 역사를 가르치도록 한 것이다. 또한 이 '개혁'을 거치면서 노예무역과 같은 역사적 사건에 대해서도, 아프리카인들 가운데에도 이익을 챙긴 이들이 있었다는 식의 '객관적' 서술이 나타나게 되었다.

　신자유주의를 도입하면서 추진된 이 '균형 잡힌' 역

사교육의 목적은 교육을 통해 생겨날 수 있는 '편향'된 주체들을 처음부터 봉쇄하려는 데 있다. 그동안 뉴라이트를 비롯한 이들이 진행한 역사 다시 쓰기 작업에서도 핵심을 이룬 것은, 식민지배나 독재와 같이 어떤 적대를 드러내고 감정을 자극할 수 있는 부분을 완화시키려는 것이었다. 그들은 친일이나 독재를 적극적으로 미화하려 했다기보다는, 그것을 어쩔 수 없었던, 담담하게 받아들일 만한 '객관적 지식'으로 만듦으로써 학생들 스스로가 주체적으로 고민하고 판단할 여지를 없애려고 했을 뿐이다.

민주주의가 끊임없이 새로운 균형을 만들어나가는 역동적 시스템이라고 한다면, 그 역동성을 담보하는 것은 다름 아닌 편향이다. 많은 편향이 생겨나야 사회는 더욱 생동한다. 편향의 억제란 민주주의의 죽음을 의미한다. 균형은 교과서에서 잡는 것이 아니라 교실에서 이루어지는 것이다.

분서와 학문의 자유

2015. 12. 27

최근에 기회가 있어 〈숭고한 나치〉라는 다큐멘터리 영화를 봤다. 이 영화에서 가장 인상적이었던 것은 1933년에 나치가 자행한 분서 장면, 불길 속으로 책을 던지는 소년의 해맑은 표정이었다. '반독일적'인 것으로 지목된 책들을 불태워버리는 '야만적 행위'를 저지르고 있는 소년의 표정은 결코 증오로 가득 찬 일그러진 것이 아니었고, 오히려 밝은 웃음을 띠고 있었다. 이 웃음은 무엇을 말하고 있을까.

지난 한 달 동안 『제국의 위안부』라는 책의 필자가 명예훼손 혐의로 기소된 사태와 관련해 세 개의 성명서가 발표되었다. 일본에서 발표된 '박유하 교수 기소에 대한 항의성명'(11월 26일)과 한국에서 발표된 '『제국의 위안부』의 형사 기소에 대한 지식인 성명'(12월 2일)은 둘 다 이 기소가 '오해'에 의한 것임을 강조한다. 검찰의 기소가 "박유하 교수의 의도를 있는 그대로 정확히 이해하려고 하지 않고 선입견과 오해에 의거"한 것이라고 보거나 "검찰이 과연 문제의 책을 정확하게 이해하고 있는지" 의문이 아닐 수 없다고 말한다. 이 책을 정확하게 이해하지 못했기 때문에 기소가 이루어졌다는 논리는 당연히 이 책에 대한 '정확한' 이해를 전제로 한다. 그런데 텍스트의 최종적 해석권이 저자에게 있지 않다는 것은 이 성명서에 서명한 이들도 대부분 동의할 것이다. 그렇다면 검찰이나 '위안부' 피해자들은 '오해'한 책을 어떻게 그들은 '정확히' 읽을 수 있었을까?

    여기서 드러나는 것은 '학문'이라고 불리는 해석공동체의 문제일 것이다. '지식인 성명'이라는 제목이 보여주듯이, 그들이 해석권을 주장할 수 있(다고 생각하)는 까닭은 사회적으로 인정받은 '배운 사람들'이기 때문이다. 아무나 들어갈 수 없는 위치에서 말하고 있기에 그들의 말은 사회적인 영향력을 행사할 수 있다. 이 성명서는 검찰을 비롯한 국가권력의 개입으로부터 '학문의 자유'를 지키려고 하지만, 그 '학문의 자유'는 '위안부' 피해자들을 포함한 '못 배운 사람들'을 미리 배제한 위계적 구조 위에 존재하는 것이기도 하다.

'연구자와 활동가' 명의로 발표된 '『제국의 위안부』 사태에 대한 입장'(12월 9일)이라는 성명서는, '위안부' 피해자들의 판단을 존중하는 입장을 보였다는 점에서 이런 위계적 구조에 대해 훨씬 자각적인 것처럼 보인다. 하지만 이 성명서 역시 "학문적인 논의 속에서 해결"할 것을 주장하며 "연구자들이 주체가 되는" 논의의 장을 마련할 것을 제안한다. 이 성명서의 주체는 '활동가'이기도 한데, 왜 그들은 논의의 주체가 될 수 없는 걸까? 그리고 무엇이 '학문적인' 것인지 누가 어떻게 정하는가?

『제국의 위안부』라는 책은 '위안부 문제'라는 결코 학문적이지만은 않은 문제에 개입한 책이다. 그렇다면 당연히 그 책에 대한 반응 역시 학문적이지 않을 수 있다. 이 성명서가 발표된 자리에서 한 '위안부' 피해자가 말했다는 "지식의 자유가 있다고 해서 함부로 말해도 되냐"는 질문을 통해 우리가 생각해봐야 할 것은, 지식인의 윤리와 같은 문제라기보다는 '지식'이나 '학문'의 경계선 자체일 것이다.

지금 고등학생에게 교과서나 참고서를 불살라버릴 기회가 주어진다면, 기꺼이 참여하는 학생이 적지 않을 것이다. 학문이라는 것이 제도화된 권위로 존재하는 한, 그런 권위에 대한 반발이 생기는 것은 오히려 당연하다. 나치의 분서는 분명 학문의 자유를 짓밟는 것이었지만, 그 학문을 짓밟는 행위 속에는 해방을 향한 열망 또한 잠재되어 있다. 폭력적일 수도 있는 이런 열망에 대해 '학문의 자유'가 방패막이가 된다면, 거기에 있는 것은 '그들의 자유'뿐이다.

갈대처럼

2016. 1. 24

　연말 이후 매주 수요시위에 나간다. 한동안 잘 나가지 않았지만, '12·28 합의' 이후 아무래도 가만히 보고만 있을 수가 없어서 나가게 된다. 그렇지만 강추위에 떨면서 2시간가량 그 자리를 지키고 있으면 나는 왜 이러고 있나 싶은 생각이 들기도 한다. 몇백명이나 되는 사람들이 계속 수요일마다 모이는데, 각자 무슨 생각을 하면서 이 추위를 견디고 있는 것일까? 나만 흔들리고 있는 것인가?

　이런 마음을 알기라도 한 것처럼 수요시위에서는 매번 '바위처럼'이라는 노래를 튼다. '어떤 유혹의 손길에도 흔들림 없는 바위처럼' 살아가 보자고 말하는 이 노래는 20년 이상 끈질기게 이어져온 수요시위라는 자리에는 어울리는 노래일지도 모른다. 하지만 나는 이 노래를 들을 때마다 조금 불편함을 느낀다. 어떤 유혹에도 흔들리지 않는 것이 이미 있는 것을 지키기 위해서는 중요하겠지만, 처음의 흔들림이 없었다면 어떤 운동도 시작되지 않기 때문이다. 수요시위에 참여하고 있는 사람들 대부분 역시 처음에 '어떤 유혹의 손길'에 흔들렸기 때문에 그 자리에 있는 것이 아닐까? 나도 '뿌리가 얕은 갈대'가 아니었다면, '바람에 흔들'려 '위안부 문제'에 관심을 가지게 되는 일 자체가 없었을 것이다.

일본에서는 수요시위를 비롯한 '위안부 문제' 관련 운동을 '반일 민족주의'의 표출로 이해하는 경우가 많은데, 그런 관점 역시 운동에 참여하는 이들을 하나로 뭉친 바위처럼 보고 있다. 물론 실제 수요시위에서 운동의 주체를 '국민'이라고 말하며 마치 하나의 목소리인 것처럼 표현하는 경우가 많은 것은 사실이다. 『제국의 위안부』같은 책에 공감하는 이들이 존재하는 이유도 이런 부분에 대한 거부감 때문일 테고, 나도 그런 거부감을 느끼곤 한다. 그 자리에 모인 다양한 사람들의 마음을 담아내기에 '국민'이라는 낱말은 너무 협소하다. '매국'이라는 말이 구체적으로 누가 누굴 팔았는지 생각하지 않게 만드는 것처럼(그래서 한일협정이 '매국적'이었다는 비판은 '우리나라'의 경제성장이라는 논리로 쉽게 반전될 수 있다), '국민'이라는 말은 각자의 출발점이 되는 개별적인 위치와 경험을 못 보게 할 수 있다.

하지만 그런 점만으로 수요시위라는 자리를 평가하는 것도 너무 성급한 판단일 수 있다. '바위처럼'이라는 노래가 그 경직된 노랫말에도 불구하고 오랫동안 사랑받았던 이유 중 하나는 그 경쾌한 멜로디에 있다. 이 노래의 내용을 듣고 있으면 불편한 마음이 들지만, 소리에 대한 몸의 반응은 다르다. 노랫말은 바위이기를 요구하고 있어도 그 멜로디는 우리를 흔들리는 갈대로 만든다. 물론 그런 몸을 다시 잡아놓기 위해 율동이라는 틀이 씌워지기도 하지만, 수요시위에서 이 노래에 맞춰 가볍게 몸을 흔드는 사람들의 모습은 바위라기보다는 갈대 군락을 연상시킨다. '바위처럼'이 지닌 대중성이 결코 그 노랫말로 환원될 수 없는 것처럼, 수요시위에 모인 사람들의 존재는 겉으로 드러난 '국민'과 같은 수사로 환원되지 않는다.

사실 흔들림 없는 바위처럼 버티고 있는 것은 일본 정부다. 같은 바위끼리 부딪치면 아무래도 큰 바위가 이긴다. 지금 우리에게 필요한 것은 오히려 갈대처럼 싸우는 일일지도 모른다. 고인 물이 썩듯이 흔들림 없는 운동은 죽은 운동이 되기 쉽다. 늘 흔들리고 있어야 새로워질 수 있으며, 자신을 바위라고 믿고 있는 이들을 갈대로 변하게 만들 수도 있다. 흔들리지 않는 바위는 깨질 수 있지만 흔들리는 갈대는 오히려 꺾이지 않는다.

흔들림을 숨기려 할 때 사람은 고독해진다. 굳세게 선 바위는 늘 혼자다. 갈대처럼 흔들리는 것이야말로 '우리'를 이루게 하는 원동력이다.

옥바라지 기억하기

2016. 2. 28

　서울 종로구 무악동이라고 하면 어디인지 아는 사람이 많지 않을 것이다. 하지만 서대문형무소 맞은편에 있는 '옥바라지골목'이라고 하면 들어본 적이 있지 않을까. 원래 사람이 살지도 않았던 지역이지만, 1908년에 감옥이 들어서고 옥바라지를 하러 모여든 이들을 위해 여관과 식당 등이 생기면서 형성된 것이 옥바라지골목이다. 그런 점에서 이 동네는 서대문형무소의 또 하나의 얼굴이라고도 할 수 있다. 아니, 옥바라지가 수감된 이들을 이 세상과 이어주면서 옥살이를 견딜 수 있게 해주었다는 의미에서는, 탄압을 상징하는 서대문형무소에 맞선 저항의 상징이라고 보는 것이 더 정확할지도 모르겠다. 감옥 기능의 핵심이 수감자를 고립시키는 데 있다면, 옥바라지는 감옥에 대한 근본적인 저항이다.

내일 3·1절에는 서대문형무소를 방문하는 사람이 적지 않게 있겠지만, 옥바라지골목을 찾는 이는 그리 많지 않을 것이다. 학생들이 견학할 때도 독립문과 형무소를 둘러보는 것으로 끝나는 게 대부분이다. 그런데 옥바라지와 분리된 형무소에서 우리는 삶보다는 죽음을 생각하게 된다. 순국선열이라는 말로 우리가 흔히 떠올리는 것은 고문을 비롯한 가혹한 탄압과 비장한 죽음이지, 그의 구체적인 삶은 아니다. 목숨을 바친 행위 자체가 기려질 때, 그의 삶은, 그리고 무엇보다도 그의 삶을 구성했던 다양한 관계들은 가려진다. 독립운동은 목숨까지도 내놓을 수 있는 영웅적인 소수에 의한 특별한 행위가 되고 마는 것이다. 하지만 옥바라지를 생각할 때, 우리는 그들의 '영웅적인 투쟁'이 사실은 수많은 이들과의 관계 속에서 가능해진 것임을 깨닫게 된다. 물론 면회를 가고 옷가지나 사식을 넣어주는 일 자체는 사소한 행위다. 하지만 이야기를 나누고 좋아하는 음식을 먹으며 따뜻하게 입는다는 사소한 일상을 지속시키는 것이야말로 옥중투쟁의 원동력이 된다. 그것을 알기에 감옥을 활용하는 이들은 면회를 자의적으로 제한하기도 하면서 끊임없이 수감자를 고립시키려고 한다. 그런데 우리 또한 옥중에서 싸운 이들을 '고독한 영웅'처럼 기억한다면, 그것은 우리의 기억 자체가 감옥의 장벽을 넘어서지 못하고 있다는 것을 보여주는 것이 아닐까?

기억은 구체적인 장치 없이는 유지되지 않는다. 기념일이나 기념관 같은 것도 기억을 위한 하나의 장치다. 그런 의미에서 옥바라지골목의 존재는, 좁은 골목에 있는 자그마한 여관이나 여인숙의 모습은, 옥바라지의 기억을 떠올리게 함으로써 서대문형무소의 기억을 우리의 일상과 이어주는 중요한 역할을 할 수 있다. 하지만 지금 그 옥바라지골목이 사라질 위기에 처해 있다. 많은 역사적 기억이 깃든 골목과 집들을 밀어버리고 아파트를 지으려는 것이다. 이미 예비철거도 진행되어 대부분 주민들은 이 동네를 떠났다. 하지만 아직 소수의 주민들이 남아서 이런 방식의 재개발에 반대하며 역사적인 가치를 살릴 수 있는 도시재생 사업의 시행을 요구하고 있다. 예전 방식의 재개발은 하지 않겠다던 박원순 서울시장은 과거 인권변호사로 활동했다. 무수한 옥바라지를 가까이서 지켜보았을 그가 옥바라지골목의 가치를 모를 리는 없을 것이다. 그런데도 지금 재개발은 진행되고 있다.

우리는 탄압의 역사를, 죽음의 역사를 기억하기보다 저항의 역사를, 삶의 역사를 기억해야 한다. 옥바라지골목이 사라지고 서대문형무소만 남을 때, 우리는 감옥에 맞선 삶의 기억을 잃게 될 수 있다. 옥바라지골목을 보존하는 일은 단순히 재개발에 반대하는 것을 넘어 '운동'을 기억하는 방식을 바꾸는 일이기도 하다. 저항하는 삶의 기억은 형무소가 아니라 옥바라지골목에 깃들어 있다.

그리고 아무도 없었다

2016. 3. 27

3월 28일부터 세월호 2차 청문회가 열린다. 지난해 12월에 열린 1차 청문회는 해경 간부들의 뻔뻔함을 확인하고 이를 지켜본 많은 이들을 분노케 하는 자리였다. '모른다', '기억이 안 난다'와 같은 말로 빠져나가려는 그들의 모습은 수사권이 없는 특별조사위원회가 어떤 것인지 보여주기에 충분했다. 강제력의 뒷받침 없는 조사위원회가 할 수 있는 일은 조사를 받는 사람의 양심에 호소하는 것밖에 없다. 그런데 그들에게 그런 것이 없다면 어떻게 하겠는가.

사람들이 강력한 힘을 원하게 되는 때가 바로 이런

순간이다. 역사를 돌이켜보면, 4·19혁명 직후, 독재정권을 지키기 위해 살인까지도 불사했던 이들을 심판할 때도 그랬다. 민주주의와 생명을 유린한 이들에게 가벼운 형이 선고되자 제구실을 못하는 사법부에 많은 이들이 분노하며 과단성이 없는 장면 정권을 비판했다. 그 결과 특별재판소가 설치되어 다시 심리가 진행되었지만 확정 판결이 나기도 전에 발생한 5·16 군사쿠데타로 인해 기능이 정지되었으며, 그 기능은 군부가 새로 설치한 혁명재판소로 이관되었다. 혁명재판소의 심리는 빨랐고, 사형을 비롯한 중형이 많이 선고되었다. 군사쿠데타가 나름의 호응을 얻은 데는 법과 절차를 지키는 데서 오는 답답함을 해소해준 이러한 힘에 대한 지지도 적지 않게 작용했다. 하지만 그런 힘이 결국 무엇을 가져다주었는지 우리는 이미 잘 알고 있다.

여기서 우리는 어떤 딜레마와 부딪치게 된다. 이 사회의 폐해를 척결하기 위해 책임이라는 것을 강조하면 할수록 더 강한 권력과 더 철저한 감시를 요구하게 되는 딜레마다. 그리고 그러한 감시를 의식하면 할수록 사람들은 최소한의 책임 범위를 넘어서는 일에 대해서는 아예 관여를 피하려고 한다. 세월호 1차 청문회 때도 "선장이 판단할 일이라 생각했다", "총지휘는 본청에서 하는 것이라 하지 않았다"와 같은 말들이 나왔지만, 이런 태도를 표현하기에 무책임이라는 말로는 충분하지 않다.

예전에 세월호 재판을 기록한 『세월호를 기록하다』라는 책을 읽었을 때도, 출동한 해경 123정의 정장이 세월호와의 교신을 한 번만 시도하고서는 다시 하지 않았다는 대목에서 공포에 가까운 감정을 느꼈다. 나는 해야 할 일은 했고 받지 않은 세월호가 문제라는 냉혹한 태도가 느껴졌기 때문이다. 위급한 상황에서도 그들은 최소한 '자신이 해야 할 일'에만 관심을 가지고, 그 '책임'을 다할 것만을 생각한다. 총체로서의 무책임을 만들어내는 것은 오히려 이와 같은 '책임의식'이다.

이것은 세월호만의 문제가 아니다. 최근에 서울시 종로구 무악동의 '옥바라지골목' 재개발과 관련해 주민들과 더불어 종로구청을 방문했을 때 목격하게 된 것도 자신에게 주어진 '책임' 외에는 아무것도 하지 않으려는 확고한 태도였다. 작은 책임들로 쪼개져 있는 공무원들의 세계에서는 재개발 문제처럼 다양한 이해관계와 삶들이 얽힌 총체적인 문제일수록 대응을 할 수 없게 되어 있다. 하급 담당자들한테 말하면 하나같이 내 소관이 아니라고 하고, 상급자한테 가면 왜 나한테 말하느냐고 한다. 이렇게 책임자가 실종되는 구조 속에서 오늘도 세월호는 우리를 태우고 출항한다.

물론 책임자들에게 그 책임을 지게 하는 것은 필요하다. 하지만 그것은 국가권력의 강화를 위해 이용될 수도 있다. 이제 우리는 권력의 뒷받침을 필요로 하는 '책임'과는 다른 연대의 언어를 고민해야 할 것 같다. 책임자가 사라진 '무정부 상태'는 그 좋은 기회일지도 모른다. 누군가 말했다. "다른 세상이란 존재하지 않는다. 다른 삶의 방식이 있을 뿐"이라고.

패배의 경험

2016. 4. 24

　독일의 시인이자 극작가 베르톨트 브레히트의 대표적 희곡 중 하나가 『갈릴레이의 생애』다. 갈릴레이는 교황청의 압박에 못 이겨 끝내 지동설을 철회했지만 '그래도 지구는 돈다'는 말을 남긴 것으로 알려져 있는데, 브레히트는 1930년대 후반 나치 독일을 피해 망명 중이었을 때 교황청이라는 막강한 권력 앞에서 유연하게 저항한 인물로 갈릴레이를 부활시키려고 했다. 30년대 말에 완성된 이 작품은 겉으로만 굴복하고 연구를 계속한 갈릴레이의 현명함을 보여주는 것이었다. 그러나 1945년 이후에 이 희곡은 큰 변화를 겪게 된다. 브레히트는 이 작품에 지동설을 철회한 4년 뒤에 옛 제자 앞에서 자신의 선택에 대해 강한 자아비판을 하는 갈릴레이의 모습을 추가한 것이다. 이 개작의 직접적인 계기는 미국의 원자탄 투하였다. 브레히트는 과학이 대량살상무기 개발에 활용된 사실에서 과학에 대한 통제권을 권력자에게 넘긴 갈릴레이의 선택의 결과를 본 것이다. 그는 미국에서 안전한 망명 생활을 보낸 자신에 대한 비판의식 속에서 주관적으로 저항이라고 생각했던 것이 실제로 저항이 될 수 있었는지 엄격히 성찰하는 지점에서 '전후'를 시작하려고 했다(「살아남은 자의 슬픔」이라는 감상적인 제목으로 잘못 알려져 있는 시 「나, 살아남은 자」(Ich, der berlebende) 역시 죽은 자의 목소리를 빌려 살아남은 자신을 규탄하는 모습을 잘 보여준다).

    그런데 최근 대학생들과 함께 『갈릴레이의 생애』를 읽었을 때, 이 작품의 핵심이라고 할 수 있는 갈릴레이의 자아비판이 잘 공감되지 않는다는 것을 느꼈다. 적지 않은 학생들이 갈릴레이의 선택을 아예 긍정하는 입장을 보인 것이다. 아무도 그에게 희생을 강요할 수 없으며 살아서 연구를 완성시킨 그의 선택이 옳았다는 식이다. 물론 갈릴레이가 죽음을 선택했어야 했다고 할 수는 없을 것이다. 하지만 그가 분명하게 자아비판을 하고 있는데도, 그 굴복이 현명한 선택이었다며 전혀 자아비판을 할 필요가 없다는 이 이해심은 어디서 온 걸까? 사실 여기에는 일종의 기시감이 있다.

10여년 전에 등장한 뉴라이트의 역사관이 바로 그런 것이었다. 흔히 '친일 미화'라고 표현되듯이 그들은 '친일파'(특히 자본가)의 행위를 현명한 선택으로 만들었다. 그런 뉴라이트의 주장에 대해서는 당연히 수많은 비판이 쏟아졌지만, 문제는 그들을 친일파 옹호자로 비판하는 것만으로는 그들의 논리가 받아들여지는 토양을 바꿀 순 없다는 데 있다. 이 사회에서 살아남기 위해 나날이 굴복을 강요당하는 이들의 입장에서 친일파는 결코 먼 존재가 아니다. 여기서 도덕적인 친일파 단죄는 겉돌기만 한다. 차라리 그런 선택을 긍정해주는 말은 위안이라도 되는데 말이다.

문제는 굴복이라는 행위 자체가 아니다. 어떤 상황

에서는 그럴 수밖에 없다는 것을 모르는 사람은 없을 것이다. 자신이 굴복이나 패배를 당했다는 것을 직시하고 있는 한, 승부는 끝난 것이 아니다. 오히려 그것은 새로운 형태의 저항을 만들어내는 기점이 될 수도 있다. 하지만 강요당한 굴복을 합리화하기 시작한 순간부터 진정한 패배가 다가온다. 어떻게 보면 패배의식이란 패배를 외면하는 데서 비롯되는 것이다. 계속 패배하고 있는 한 승부는 끝나지 않는다. 승부는 패배를 그만둔 순간에 끝난다.

자신의 패배나 굴복을 직시하는 것은 괴로운 일이다. 특히 그것이 먹고사는 문제처럼 일상적인 것일수록 그 불편함은 커진다. 갈릴레이나 친일파에 대한 이해심도 이런 불편함에서 벗어나고 싶은 마음에서 생겼을 것이다. 하지만 그 유혹에 넘어갔을 때 우리는 불편함과 더불어 저항의 가능성도 잃어버리게 된다.

"법대로"

2016. 5. 22

　어떤 갈등 상황에서 법대로 하자는 말을 듣게 될 때가 종종 있다. "그래, 법대로 해!"라는 말의 뉘앙스를 생각해보면, 법대로 한다는 것이 무엇을 의미하는지 이해하기는 어렵지 않다. 더 이상 대화하지 않겠다는 것이며, 공권력이라는 물리력으로 문제를 '해결'하겠다는 선언이다. 지난 5월 17일 새벽에 서울시 종로구 무악동 옥바라지골목에서 이루어진 폭력적인 강제집행이 보여준 것처럼, '법대로'의 종착점은 폭력이다.
　그런데도 그 법을 집행하는 이들은 법 뒤에 숨어 자신이 누군가에게 폭력을 행사하고 있다는 현실을 외면하려고 한다. 관료들은 늘 스스로의 중립성을 강조하며, 가치판단을 하지 않는 것을 미덕으로 삼는다. 이렇듯 공무원들의 세계에서 가장 중요한 기술 가운데 하나가 유체이탈이기 때문에 그들은 식민통치에도 봉사할 수 있었고 군부독재를 위해 일할 수도 있었다. 좀 더 정확하게 말하면, 이런 이들이 있기에 식민통치도 군부독재도 존속이 가능했다. 군사적 점령이나 쿠데타와 같은 불법행위로 시작되었다고 하더라도, 그 체제의 유지 자체는 늘 '법대로' 이루어졌기 때문이다. 법을 지키는 것만이 중요하다면, 우리는 식민지배에서 벗어날 수도 없었을 것이며 민주화를 이루지도 못했을 것이다. 우리가 주권자가 될 수 있는 것은 주어진 법의 테두리에서 벗어나려고 할 때뿐이다.

주권이라는 것과 관련해 법학자들을 늘 고민하게 만들었던 것 가운데 하나가 제헌권력의 패러독스다. 대한민국헌법 제1조를 보면 "대한민국의 주권은 국민에게 있고, 모든 권력은 국민으로부터 나온다"고 선언하고 있다. 그런데 제2조에서는 "대한민국의 국민이 되는 요건은 법률로 정한다"고 말하고 있다. 모든 권력이 국민으로부터 나온다고 하면서도 그 권력의 원천이 누구인지는 헌법 이후에 제정된 하위법에 의해 소급해서 규정된다는 패러독스가 여기에 있다. 대한민국헌법이 제정되었을 때, 그 '국민'이 누구인지 정한 법은 아직 없었다. 그렇다면 대한민국의 모든 권력은 법으로 규정되지 않는 어떤 존재로부터 나왔다는 것이다. 주권을 행사한다는 것은, 근본적으로는 법 바깥에서 스스로 법을 만드는 것을 의미한다. 당장에는 불법행위로 보이는 것이 새로운 법을 탄생시키는 것이며, 정치라고 불리는 행위는 바로 이런 것이다.

강제집행이 있었던 날 옥바라지골목을 방문한 박원순 시장이 모든 수단과 방법을 동원해 철거 공사를 중단시키겠다고 선언한 것은 많은 공무원들을 당황케 한 듯하다. 하지만 이런 것이야말로 시장이 관료가 아니라 정치인임을 보여주는 행위다. 법대로 해서 모든 문제가 해결된다면 정치인은 필요 없다. 법대로는 해결되지 않는 문제들이 항상 있기 때문에 정치는 존재하는 것이며, 관료들의 우두머리인 대통령이나 시장을 비롯한 여러 차원의 행정수반들을 선거로 뽑는 이유도 거기에 있다. 행정은 늘 정치적이다. 하지만 '법대로'라는 말에 의해 늘 그 정치성은 가려진다.

박원순 시장의 발언에 적지 않은 공무원들이 불편해하는 이유도 자신의 공무집행 역시 정치적인 것이고, 하나의 가치판단임을 외면하지 못하게 만들었기 때문이다. 공무원들의 뻔뻔하고 무책임한 행태는 스스로의 행위가 정치적이지 않은 가치중립적인 것이라고 생각하는 데서 비롯된다. 자신이 법의 대행자일 뿐이라면, 무슨 책임감이 필요하겠는가. 자신의 행동이 자신의 판단에 따른 어떤 정치적 행위임을 인정할 때 비로소 책임의식은 생겨난다.

법대로 하자는 말이 대화의 종결을 선언하는 것과 달리, 법의 테두리에서 벗어난 정치는 긴장된 대화의 시작을 알린다. 민주주의는 여기서 시작된다.

세계 난민의 날에

2016. 6. 19

조카들과 함께 이중섭 그림을 보러 갔다. 흔히 이중섭 하면 소 그림을 떠올리지만, 200점이 넘는 그림들을 보면서 알게 된 것은 거기로 환원될 수 없는 복잡한 작품세계였다. 사실 소 그림 자체도 민족의 알레고리라기보다 분열된 자아를 봉합하려는 의지의 표현으로 보이지만, 그가 즐겨 그린 아이들 그림은 이중섭의 또 다른 세계를 보여주고 있다. 전쟁을 피해 내려온 남한 땅을 전전하던 그의 삶과, 일본으로 떠나보내야 했던 일본인 아내와 아이들에게 보낸 편지들과 함께 아이들 그림을 보면서 내가 받은 인상은, 탈출을 꿈꾸는 전쟁 난민이 그려낸 유토피아였다.

 눈을 부라리고 있는 소와 대조적으로 그가 그린 아이들은 모두 눈을 감고 있다. 바닷가에서 물고기나 게와 노니는 벌거숭이 아이들을 그린 유명한 그림들은, 제주도 피난 시절의 아들들의 모습을 그린 것이라고 볼 수 있다. 그런데 그들이 지낸 집에서 멀지 않은 곳에 있는 정방폭포가 4·3 당시 서귀포 지역 최대의 학살지였던 것처럼, 그 바다는 결코 평화로운 바다는 아니었다. 이중섭은 가족에게 보낸 편지에서 가족들의 모습을 자주 그렸는데, 거기서도 눈뜬 사람은 자신뿐, 아내와 아들들은 늘 눈을 감고 있다. 그들이 전쟁과 학살이 벌어지는 현실을 보지 말았으면 하는 염원이 담겨 있는 것이다. 물론 그것은 현실도피일지도 모른다. 그래서 이중섭도 눈을 부릅뜬 소를 계속 그렸을 것이다. 하지만 먼저 '현실'에서 벗어나야만 우리는 또 다른 현실을 상상할 수 있는 것이 아닐까?

 난민이란 어떤 현실에서 벗어나기를 선택한 이들이다. 고향에서 쫓겨난 불쌍한 피해자로 이미지화되곤 하지만, 인류학자 제임스 스콧이 이야기하는 것처럼 도피나 탈출은 또 다른 삶을 구성하기 위한 적극적인 행위이기도 하다. 그들이 난민캠프 같은 곳에 갇혀 이동성을 빼앗기면서 '무력한 난민'은 만들어진다. 난민문제란 탈출이 중단되는 데서 비롯되는 문제다.

오늘 6월 20일은 '세계 난민의 날'인데, 원래는 아프리카통일기구가 체결한 난민조약이 발효된 날을 기념하는 '아프리카 난민의 날'이었다. 그 조약이 체결되는 과정에서 중요한 역할을 한 이가 당시 탄자니아 대통령이었던 니에레레다. 그는 까다로웠던 난민 규정을 대폭 완화했으며 실제로 탄자니아로 입국한 난민들에게 시민권과 토지를 제공했다. 난민에 대한 국제적인 규정이 그나마 확대된 것은 니에레레를 비롯한 이들이 적극적으로 난민을 받아들이려고 노력한 성과다. 그런데 니에레레가 난민 수용에 관용적이었던 이유는 그가 목적의식적으로 '새 국민'을 만들어낼 수 있다고 생각했기 때문이었다.

아프리카 고유의 사회주의를 추구한 니에레레는

'우자마 마을'이라고 명명된 이상촌을 만드는 작업을 추진했다. 그러나 평등한 마을 만들기를 표방한 이 사업은 기존의 생활방식을 파괴하는 것이었고, 아프리카난민조약이 발효된 1974년 당시에는 기존 마을을 불살라버리면서 집단이주가 강행되고 있었다. 난민들은 새로운 국민이 될 수 있었지만, 그 대가는 강제적인 정착이었다.

이중섭이 1954년에 그린 〈길 떠나는 가족〉이라는 그림이 있다. 이중섭 자신으로 보이는 사람이 끄는 소달구지를 타고 아내와 두 아들이 떠나는 장면을 보여주는 그림이다. 다른 소 그림들과 달리 소의 표정도 온화하고 소 등에는 꽃이 얹혀 있다. 당시 아들에게 보낸 편지에서 가족끼리 따뜻한 남쪽으로 함께 떠나는 그림을 그렸다고 썼듯이, 이 그림은 그의 꿈을 그린 것이다. 그래서인지 이 그림에서 눈을 뜬 존재는 소뿐이다.

눈을 감는다고 현실이 달라지지는 않는다. 하지만 꿈꾸기 위해서는 먼저 눈을 감아야 한다.

혐오와 사드

2016. 8. 14

〈인천상륙작전〉을 보았다. 벌써 600만이 넘는 사람들이 봤다는 이 영화를 한마디로 표현하면, '혐오 영화' 정도가 될 것이다. 인민군 치하의 인천을 무대로 남한 첩보부대원들의 '활약상'을 그린 이 영화에서, '인민군'이나 '공산주의(자)'는 역사적 실체와 무관하게, 놀라울 정도로 잔인하고 비열하게만 그려진다. 이 영화에서 실제로 대량살육을 감행하고 있는 것은 주인공을 비롯한 첩보부대원들인데도, 살해당하는 인민군들이 아무런 인간성도 없는 '적'으로만 나오기 때문에 우리가 주인공들의 인간성을 의심하거나 인민군들에 대해 구체적으로 상상해보는 일은 일어나지 않는다.

    이와 같은 상상력의 봉쇄는 '혐오 담론'의 전형적인 특징이다. '여성'이든 '동성애자'든 그 범주로 묶인 이들은 각자가 지닌 역사성을 빼앗기고 초역사적인 어떤 본질로 환원된다. 그들은 개인일 수도 없고, 오직 그 범주로만 이해되는 절대적인 타자가 되는 것이다. 그리고 절대적인 타자이기에 그들을 대하는 방법은 배제(극단적인 경우에는 절멸)나 지배밖에 없다. 이런 관계에서 필요한 것은 오직 힘뿐이다.

    혐오 범죄와 같은 형태로 혐오 담론들이 실현되는 경우가 종종 있다. 중요한 것은 전 세계적으로 이러한 현상이 나타나게 된 데에는 구체적 계기가 있다는 점이다. 1980년대에 영국과 미국에서 도입된 뒤 세계적으로 확산된 신자유주의가 그 계기다. 신자유주의는 복지국가와 그것이 지닌 포섭 전략을 주된 공격 대상으로 삼았다. 신자유주의 정책을 추진하려는 이들이 세금이 흑인 미혼모가 먹고살기 위해 사용되고 있다는 식으로 복지 정책을 공격한 것처럼, 신자유주의는 '소수자'들이 특혜를 누리고 있다는 이미지를 인종주의와 같은 기존의 차별의식과 결합시키면서 영향력을 확대했다. 이렇게 포섭에서 배제로 국가가 전략을 바꾸면서 생겨난 것은 국민국가의 실질적인 죽음이었다. 국가는 지금도 존재하고 있지만, 그것은 이제 국민통합을 스스로의 과제로 삼지 않는다. 문제가 되는 것은 '국론'의 분열뿐, 이 극단적인 계급사회를 바꿀 생각은 전혀 없다.

이렇게 국민국가가 죽어가는 상황 속에서 〈인천상륙작전〉 같은 영화가 등장한 것은 상징적이다. 사실 한국전쟁 자체가 국민국가의 해체 경험이었기 때문이다. 대한민국이라는 국가 자체가 민족의 분단을 통해 만들어진 것이기에 처음부터 국민국가로서는 한계가 있었지만, 그래도 남한 땅에 사는 주민들을 '국민'으로 포섭하기 위한 노력은 있었다. 특히 1949년에는 좌익들을 포섭하려는 정책이 추진되었으며 그것을 위해 정부 스스로가 자본주의와 제국주의를 비판하는 '좌익적' 모습을 보이기도 했다. 1946년에 실시된 여론조사에서 70%나 되는 이들이 사회주의를 선호한다고 했던 남한에서 정부가 그러한 색채를 띠게 되는 것은 어쩌면 당연한 일이지만, 이때 그런 일이 가능했던 이유는 미군의 부재에서 찾을 수 있다. 최근 백년 역사 속에서 1949년 7월 초부터 1950년 7월 초에 이르는 1년은 유일하게 한반도에 외국 군대가 주둔하지 않은 시기였다. 미군이라는 압도적인 폭력장치가 철수하면서 정부는 그 지지 기반을 국민에서 찾을 수밖에 없었던 것이다. 그러나 한국전쟁이 발발하고 맥아더의 건의로 미 지상군이 다시 한반도로 돌아오면서 형세는 역전되었다. 한국 정부의 포섭 자세는 사라지고, 그것을 대체한 것이 좌익에 대한 학살과 악마화였다.

한국전쟁 때부터 이어져온 이런 혐오의 역사는 현재 사드 배치를 받아들이게 하는 데도 큰 역할을 하고 있다. 혐오가 강력한 힘을 찾게 하고 또 그 힘은 혐오를 재생산시킨다. 이 악순환을 끊어내는 게 오늘의 과제일 것이다.

모병제와 국민국가의 종언

2016. 9. 11

    모병제 제안이 여당 쪽 대선 주자의 입에서 나왔다. 이런 주장이 나온 가장 큰 이유는 징병제에 대한 부정적인 여론을 의식해서일 테지만, 여기에는 단순한 대중 영합이라는 차원을 넘어서 통치체제의 변화와 그에 따른 통치집단의 새로운 전략 모색이라는 측면이 내포되어 있는 것 같다. 순전히 군사적인 관점에서 본다면 지금과 같은 규모의 군대를 유지하는 것에 큰 의미는 없다. 그런데도 비효율적인 징병제가 유지되어온 데에는 나름의 근거가 있었는데, 이제 그 근거가 흔들리고 있는 것이다.

'군대 갔다 와야 사람 된다'는 말이 있다. 사실 이 말만큼 징병제의 의미를 잘 표현한 말은 없다. 징병제는 전쟁을 위한 것이라기보다는 어떤 '인간'을 만들어내는 기능을 맡고 있다. 미셸 푸코가 잘 분석했듯이 명령을 순순히 따르면서도 '쓸모 있는' 인간집단을 만들어내는 군대의 기능은 산업자본주의가 '성장'하는 데 큰 구실을 했으며, 이는 한국 자본주의도 마찬가지였다. 하지만 적지 않은 사회혁명이 군대 반란에 의해 촉발되었듯이 군인들은 항상 순종적이지는 않았으며, '산업전사'들 역시 노동운동의 주체로 변모하곤 했다. 이는 절대다수를 구성하는 국민들이나 노동자들의 주체성에 의지해야만 하는 국민국가와 산업자본주의의 태생적 딜레마였으며, 복지국가 체제는 그러한 역학관계의 산물이었다.

하지만 현재 진행되고 있는 금융화는 이런 역학관계를 역전시켰다. 노동자들이 많은 상품을 생산해줘야만 자본축적이 가능했던 산업자본주의와 달리, 금융이 중심이 된 체제에서는 생산성 향상을 통하지 않는 자본축적이 얼마든지 가능해졌다. 그 결과 산업전사와 같은 부담스러운 존재를 굳이 육성할 필요도, 복지와 같은 식으로 노동자들에게 양보할 필요도 없어졌다. 자본축적의 핵심이 공장에서 벗어나면서 이제 '군대 갔다 와야' 만들어지는 그런 인간에 대한 수요 자체가 줄어들게 된 것이다.

이렇게 봤을 때, 모병제 논의의 등장은 신자유주의적 사회 재편의 일환으로 볼 수 있다. 미국의 모병제가 '경제적 징병제'라고 불리기도 하듯이 미군의 재생산은 빈곤층의 재생산으로 지탱되고 있는데, 극심한 양극화가 진행되고 있는 한국 사회에서 국민의 평등을 전제로 한 징병제를 없애자는 주장이 나오는 것은 어쩌면 당연한 일이다. 이제는 지키는 이들과 지켜지는 이들이 형식적으로도 분리되는 것이며, 이는 미국에서도 볼 수 있듯이 실질적으로는 용병제를 도입하는 것이나 다름없다. 마키아벨리는 용병을 활용하는 것이 공화국을 멸망으로 이끈다고 보았는데, 지금 모병제가 논의되는 상황도 국민국가의 종언을 알리는 징조로 보인다.

그럼 징병제를 유지해야 한다는 것일까? 여기서 경

계해야 하는 것은 징병제냐 모병제냐는 식으로 군의 모집 형태에만 논의의 초점이 맞춰지는 일이다. 군대 문제의 핵심은 군대 내부의 비민주성과 폭력성에 있는 것이지, 모집 형태에 있지 않다. 최근에는 군대라는 조직이 지닌 문제들이 많이 공론화되기도 했지만, 모병제 도입은 그러한 논의를 차단하는 역할을 할 수 있다. 징병제 폐지가 군대 문제를 '소수'의 문제로 만듦으로써 군대 민주화를 오히려 어렵게 할 수도 있는 것이다.

고대 그리스에서 민주주의의 바탕을 이룬 것은 무장한 인민의 힘이었으며, 프랑스혁명을 거치면서 국민개병이라는 이념이 등장한 것도 같은 맥락이었다. 누가 무장하느냐는 문제는 누가 주권을 갖느냐는 문제였던 것이다. 이런 관점에서 봤을 때 무장은 의무라기보다 권리였다. 군대와 민주주의는 아예 상반되는 것으로 생각되기 쉽지만, 민주주의와 폭력의 관계를 어떻게 푸느냐가 국민국가 이후를 생각하기 위해서는 중요한 과제다.

공정성은 무엇을 지키는가

2016. 10. 9

지난 9월 말부터 '김영란법'이 시행되었다. 여론조사에서 70%가 넘는 사람들이 이를 환영하고 있다고 나타난 것을 보면, 공직자들의 부정부패에 대한 대중적인 불만이 얼마나 큰지 짐작할 수 있다. 그런데 부정부패는 왜 문제가 되는 것일까?

이 법이 발의되는 계기가 '벤츠 검사 사건'이었던 것처럼, 문제의 출발점은 사법에 대한 불신이었다. 지난 몇 년 동안 한국 영화에서 검찰을 비롯한 권력자들의 부정부패는 단골 메뉴였고, 사법뿐만 아니라 권력 운용이 전반적으로 공정하지 않다는 것을 대부분 사람들이 느끼고 있다. 이는 '수저'로 상징되는 신분제 사회에 살고 있다는 '실감'과도 연동되어 이 사회에 대한 절망을 조성한다. 4·16 때도 그랬던 것처럼 어김없이 소비 위축만을 걱정하는 대통령의 생각과 달리 이 법이 통과되고 시행될 수 있었던 것은, 이러한 절망의 확산이 이 사회를 근간으로부터 뒤흔들지도 모른다는 권력층의 불안이 크기 때문이다.

'김영란법' 시행에 맞춰 청와대에서는 "누구나 공정하게 경쟁할 수 있는 청렴사회"를 만들기 위한 전환점이 되기를 기대한다는 입장을 밝혔다. 이 말에서 그들의 문제의식이 단적으로 드러난다. 공정성은 '경쟁할 수 있는' 사회를 위해 요구되고 있는 것이다. 경쟁은 반드시 불평등을 낳는다. 그런데 그 경쟁이 불공정한 것으로 느껴진다면, 누가 그런 경쟁에 참여할 것이며, 누가 그 결과를 순순히 받아들이겠는가. 공정성은 이 지점에서 필요해지는 것이며, 그 목적은 경쟁에 대한, 결국에는 불평등에 대한 부정적 생각을 불식하는 데 있다. 내가 참여하고 있는 경쟁이 결코 자의적인 것이 아니며 불평등에는 합리적인 이유가 있다고 납득시키기 위해 부정부패는 척결되어야 하는 것이다.

부정부패를 부각시키는 이런 논법의 문제는 불평등의 문제를 불공정의 문제로 치환하는 데 있다. 공정한 경쟁이라고 하면서 공정성이 부각될 때, 경쟁 자체가 지닌 문제는 가려진다. 그런데 한번 생각해보자. 우리가 치열한 생존경쟁을 강요받는 상황 속에 있지 않다면, '부정청탁'이 이렇게 많을 수 있을까? 경쟁의 심화는 심판의 권한을 증대시킨다. 경쟁이 늘어나면 늘어날수록 그 결과를 판정할 수 있는 인물이 지니는 힘은 막강해지는 것이다. 그의 말 한마디로 운명이 좌지우지될 수 있다면, 청탁을 하게 되는 것은 오히려 당연하다.

청탁의 문제를 경쟁과 불평등의 산물로 볼 때, 최근 김영란 발의자 스스로가 이 법은 공무원들이 청탁을 거절할 수 있는 근거를 마련하기 위한 것임을 밝힌 사실은 중요하다. 청탁은 공직자를 기구의 일부가 아니라 개인으로 만든다. 그때 공직자는 자신이 권력자임을 자각하게 되는 것이다. 세상에는 그것을 즐기는 사람도 있겠지만, 자신의 판단이 남의 인생을 좌우할 수도 있다는 사실은 대부분 사람들에게 부담스럽고 불편한 일이다. 하지만 '부정청탁'이라는 이름으로 그런 상황을 차단할 수 있으면, 공직자들은 자신이 행사하는 권력에 대해 개인적 부담감을 덜 수 있게 된다.

신자유주의 정책이 앞으로도 계속된다면 공직자들이 누구를 살리고 누구를 죽일지 판단해야 하는 상황은 반복될 것이다. 그런 상황에서 공직자들 개개인이 느껴야 할 불편함을 김영란법이 덜어준다면, 오히려 그 기능은 신자유주의를 보완하는 것이 될 수 있다. 영화 〈밀정〉에서 조선총독부의 경찰이었던 주인공이 독립운동가로 변신하게 된 계기가 다름 아닌 '부정청탁'이었음을 우리는 어떻게 생각해야 할까?

박근혜라는 스크린을 넘어

2016. 11. 6

얼마 전에 중고등학교 선생님들과 이야기를 나눌 기회가 있었다. 이런저런 이야기를 하다가 한 선생님에게서 질문을 받았다. 요지는 '요즘 대통령 관련해서 나오는 뉴스를 우리가 너무 즐기고 있는 것 같은데 이래도 되냐'는 것이었다. 그 자리에서는 적절하게 대답하지 못했는데, 계속 그 질문이 머릿속에서 맴돌았다. 이제 보수언론까지 가세해 넘쳐나는 '최순실 보도'를 우리가 어이없어하면서도 왕조실록 보듯이 어딘가 즐기고 있는 측면도 부정하기 어렵기 때문이다. 우리를 억압하던 권력자의 민낯이 까발려져 그 왜소하고 추악한 모습이 드러날 때, 확실히 우리는 통쾌함을 느낀다. 하지만 대통령 하야라는 사태가 현실성을 띠기 시작한 지금 상황에서 우리는 언제까지나 박근혜를 주인공으로 한 막장드라마의 시청자로 있을 수는 없다.

 우선 박근혜 정권이 그 탄생부터 일종의 착시효과의 산물이었음을 떠올릴 필요가 있다. 대선 당시 박근혜를 찍은 사람들 대부분은 결코 박근혜라는 개인을 지지한 것이 아니었다. 그들은 박근혜에게서 박정희를 보려고 했던 것이며, 백지에 가까운 정치인 박근혜의 무능력은 오히려 그러한 환상을 투사할 수 있는 스크린으로 기능했다. 새누리당이 박근혜를 내세운 것도 그에게 상징성 말고는 아무것도 없다는 것을 잘 알고 있었기 때문이다. 엠비 정부 5년 동안 정치를 행정으로 환원시키는 데 성공한 이들에게 필요한 것은 정권 연장뿐, 사실상 누가 청와대의 주인이 되든 크게 상관은 없었으며, 대통령의 무능은 그 밑에서 자신들이 이익을 챙길 수 있는 여지를 넓혀주기에 오히려 환영할 만한 것이었다. 이러한 '박근혜'라는 아이콘의 기능을 생각한다면, 개인 박근혜에게 우리의 시선이 집중되는 것은 이 착시효과에 또다시 말려드는 결과를 낳을 수 있다. 이 국면에서 우리는 스크린에 비친 이미지에 현혹되지 말고 그 스크린을 구성요소로 한 권력장치 자체를 해체해야 한다.

이는 1987년 민주화운동에 대한 반성이기도 하다. 20만명이나 되는 이들이 거리에 나서서 박근혜 하야를 외치고 있는 현재 상황을 87년의 재현으로 보려는 경향도 있지만, 그 민주화의 성과가 순식간에 무너지는 것을 목도한 우리로서는 87년의 반복에 머무를 수가 없다. '87년 체제'는 왜 독재로의 회귀를 막지 못하고 이토록 쉽게 무너져 내렸는가? 여러 요인이 있겠지만, 그 이유 가운데 하나는 우리의 생활문화 속에 뿌리깊이 남아 있는 일상적 권위주의를 바꾸지 못했다는 데 있다. 민주화운동의 승리라는 스펙터클 속에서 거시적으로는 민주화를 달성했지만 미시적으로는 민주주의가 충분히 실천되지 않았기에 그 민주주의는 취약할 수밖에 없었다.

민주주의를 위해 우리가 지금 벌이는 싸움도 '20만명'이나 '5%'와 같은 숫자로 수렴되는 한 시청자 인기투

표에서 크게 벗어나지 못한다. 그것으로도 박근혜를 하야시킬 수는 있겠지만, 박근혜를 대통령으로 만들고 독재를 가능케 했던 이 사회를 바꾸기에는 역부족이다. 우리가 진정 싸워야 할 대상은 청와대에만 있는 것이 아니며, 그 투쟁의 현장은 당연히 광화문으로 한정되지 않는다. 지금 필요한 것은 집중이라기보다는 확산이다.

박근혜 정권은 한국 보수의 역사를 집대성한 '작품'이다. 온갖 '찌꺼기'까지 긁어모아 겨우 성립시킨 것이기에 이 정권의 파탄은 한국 보수세력의 총체적 파탄을 의미한다. 그들은 책임을 회피하기 위해 숨으려고 할 뿐 대안을 내놓을 능력이 없다. 이제는 우리가 새 사회를 만들 차례다.

누가 싸우고 있는가

2016. 12. 4

집회에 나갈 때마다 즐겁다가도 때때로 소외감을 느끼는 순간이 있다. 촛불집회가 등장한 2008년 이후 종종 있었던 일이지만 최근에는 더 많아졌다. 시위하고 있는 주체가 '국민'으로 호명될 때가 부쩍 는 것이다. 물론 우리가 여전히 국민국가라는 틀 속에서 살고 있는 이상, 외국인인 내가 소외되는 것은 어쩔 수 없다고도 생각한다. 그래서 씁쓸한 기분이 들면서도 그냥 넘어갔다. 하지만 최근에 와서 조금 생각이 바뀌었다. 이것이 나 개인의 소외감 문제라기보다는 지금 광장에서 벌어지고 있는 것을 생각하는 데도 중요한 지점이라는 생각이 들어서다.

　예전에 비해 가게나 식당에서 외국인으로 보이는 이들과 마주치는 일이 확실히 잦아졌다. 서울 영등포구에서는 외국인 비율이 12%가 넘는다는데, 이제 한국에 '국민'만이 사는 게 아니라는 사실을 외면하기는 쉽지 않다. 국민국가라는 틀이 여전히 남아 있기는 하지만, 그 경계는 예전 같지 않으며 이미 많이 허물어졌다. 우리는 이미 일상 속에서 이런 변화를 체감하고 있지만, 어떤 정치적 행동을 취할 때는 여전히 국민국가의 틀에 의지하게 된다. 이 괴리를 어떻게 해야 할까?

　현재 국면에서 국민이 강조되는 데에는 물론 근거가 있다. 지금 문제가 되고 있는 것이 대통령이라는 공권력의 행사와 관련된 것이기 때문이다. 2008년 촛불집회 때 등장해 지금도 자주 불리는 노래 '대한민국헌법 제1조'를 통해 익숙해진 '대한민국의 모든 권력은 국민으로부터 나온다'는 구절이 말하듯이, 대통령의 권력은 국민으로부터 나오기에 그 하야를 '국민의 명령'으로 표현하는 것은 타당하다. 특히 과거 유신헌법에서 이 부분을 "국민은 그 대표자나 국민투표에 의하여 주권을 행사한다"로 수정해 직접적인 주권행사를 막으려고 한 것을 떠올리면, 지금과 같이 국민이 직접 나서서 주권을 행사하는 일은 틀림없이 중요하다. 하지만 실제 광장에 모여 이 사회를 바꾸려고 싸우고 있는 것은 비단 국민뿐인가?

11월 30일에 박근혜 즉각 퇴진과 정책 폐기를 내걸어 서울에서 열린 민주노총 총파업대회에는 몇백명이나 되는 이주노동자들도 참여하고 있었다. 대부분 건설 현장이나 영세 사업장에서 노동자로서의 권리도 충분히 보장받지 못한 채 일하는 이주노동자들은 한국 자본주의의 밑바탕에서 그 혹독한 현실을 몸소 겪고 있는 존재다. 그렇기에 그들 역시 이 사회의 변혁을 간절히 원한다. 하지만 운동이 국민주권의 논리로 추진되는 한, 그들의 열망은 표현될 수 없다.

사실 이주노동자만이 문제가 되는 것은 아니다. 한국 국적을 가지고 있다는 공통점 하나로 묶일 수 있을 정도로 '국민들'도 결코 균질적이진 않다. '우리' 안에도 다양한 경계가 존재하며 거기서 무수한 권력이 작동하고 있다. 여성이라는 이유로 살해당하고, 또 비정규직이기에 안전사고에 노출되는 상황은 단일한 권력의 산물이 아니다. 200만이 넘는 사람들이 광장에 서게 되는 이유도 그들이 같기 때문이라기보다는 오히려 그들이 다르기 때문이다. '하나의 목소리'로 수렴될 수 없기에 이렇게도 많은 사람들이 각각의 절망과 희망을 안고 직접 광장을 찾는다. 이런 행동을 주권이라는 말로 설명할 수는 있겠지만, 실제로 우리를 움직이게 만드는 다양한 열망을 담기에 '국민'이라는 말은 턱없이 부족하다. 광장에 등장한 특이한 깃발들은 이미 '우리'가 다양한 존재임을 보여주고 있다. 그런 '우리'를 표현할 수 있는 새로운 정치의 언어가 필요하다.

더 많은 광장을!

2017. 1. 1

연말에 어떤 '선물'을 받았다. 서울중앙지방검찰청에서 온 벌과금 납부 명령서다. 두 달 전 대법원 판결로 형이 확정되었기 때문에 알고 있었지만, 막상 받아보니 당시 생각이 많이 난다.

2014년 5월 17일과 18일, 이 이틀 사이에 세월호 희생자 추모 등을 내건 시위 참가자들 가운데 200명이 넘는 이들이 연행되었다. 박근혜 정권 아래 최대 규모였던 이 탄압 속에 나도 있었고, 모두 사법처리 하겠다는 경찰의 언명대로 일반교통방해죄로 기소되었다. 이명박 정권 이후 벌금형이 강력한 무기로 사용되어온 것은 알고 있었지만(그래서 집시법 위반이 아니라 벌금액을 높이 책정할 수 있는 일반교통방해죄가 많이 사용되고 있다), 당시 같이 기소된 사람들의 이야기를 들어보니 상상 이상이었다. 부부가 같이 기소됐는데 각각 500만원씩 나왔다는 등 그때 탄압은 극심했다.

　이미 해산된 사람들을 포위해서 잡아간 경찰도, 상습적으로 고액 벌금을 구형하는 검찰도 정권 수호를 위해 일했음은 분명하다. 그렇지만 그동안 나오는 '박근혜 부역자'에 대한 논의에서는 이런 '사소한' 문제는 잘 다루어지지 않는다. 고위급 원흉을 척결하는 게 중요하다는 것은 물론 맞는 말이다. 하지만 우리 삶에 직접 영향을 미치는 이들은 결코 그런 고위 간부들이 아니다. 나를 검거한 경찰관, 나를 취조한 형사, 나를 기소한 검사 등 개별적으로 보면 대단한 힘을 갖지도 않은, 말단에 있는 이들이 나를 억압한다. 그런데도 우두머리만 바꾸면 된다고 적지 않은 사람들이 생각하는 까닭은, 말단에 있는 이들을 명령에 따라 묵묵히 일하는 존재로 보고 있기 때문이다. 좋은 대통령을 뽑아야 된다는 '결론'이 자꾸 제시되는 이유도 여기에 있다. 하지만 이런 인식은 자신이 일상 속에서 겪게 되는 사소한 억압들을 못 보게 하며, 결국 저항의 단서를 놓치게 만든다.

최근 몇 달 동안 우리가 경험하게 된 어떤 괴리감도 이와 무관하지 않다. 주말마다 펼쳐지는 축제의 시간과 월요일이면 꼭 돌아오는 일상의 시간. 큰 소리로 독재자를 비판하며 대로 한가운데를 활보하는 광장과 여전히 상사나 교사의 눈치를 살피며 쭈그리고 앉아 있어야 할 직장, 학교 등을 우리는 큰 무리 없이 드나들고 있다. 너무나 '평화적인' 촛불집회 모습은 어떻게 보면 이 집회가 일상의 질서를 건드리지 않겠다는 태도 표명처럼 보이기도 한다. 시민들에게 불편을 주지 않는 파업이 별 효과를 내지 못하는 것처럼, '착한 시위'는 많은 이들의 호응을 얻기는 쉽지만 그것이 영향을 미칠 수 있는 범위는 제한적이다. 평화롭게 세상이 변하는 것을 비판하기는 어렵다. 하지만 무엇이 '평화'인지 우리 스스로가 결정하지 못하는 한, 그 평화는 주어진 질서의 별명일 뿐이다. 집회 현장에 배치된 경찰들을 명령을 따르지 않을 수 없는 불쌍한 이들로 보려는 '이해심'에는 일상 속에서 명령에 저항하지 못하는 자신의 모습이 투영되어 있는 것은 아닐까? 이렇게 각자의 위치를 고정하고 '존중'하는 데서 새로운 사회는 생겨나지 않는다.

    100년 전 2월 러시아에서 혁명이 일어났다. 혁명은 노동자들의 파업을 진압하기 위해 파병된 군대가 명령을 거부해 노동자 편에 섬으로써 승리했다. 사회는 명령이 거부될 때 변하기 시작한다. 우리가 광장에 끌리는 것도 거기서는 명령이 통하지 않기 때문이다. 명령이 통하지 않기에 우리는 대화를 시작한다. 이런 광장이 무수히 생겨나 일상을 침범하는 날을 새해에 상상해본다.

어리석은 자의 비

2017. 2. 5

일본 군마현 아가쓰마군 나카노조마치라는 시골 마을에 '어리석은 자의 비'(おろかもの之碑)라는 비석이 있다. 1961년에 세워진 이 비석은, 일본의 침략전쟁에 가담한 이들이 미 점령군에 의해 공직추방을 당한 뒤 전쟁에 협력한 자신들의 과거를 깊이 반성하고 "어리석은 자들이 실재했음을 후세에 전하여 다시 이 잘못을 저지르지 않기를 바라며" 자신들의 손으로 직접 세운 것이다. 이 비석 뒷면에는 비석을 세운 취지와 함께 아가쓰마군에서 공직추방을 당한 83명의 이름이 새겨져 있다. 이들은 자신이 어리석었다는 사실을 후세에 전하기 위해 자신들의 이름을 직접 돌에 새겼다.

　그들은 시골의 공무원이거나 관변단체의 지회장 등으로 A급 전범이 될 정도의 고위직과는 거리가 멀었다. 평범한 시골 마을에서 일상적인 업무를 처리하면서 '사소한' 전쟁 협력을 했을 뿐이다. 하지만 그들은 그것을 결코 사소한 문제라고 생각하지 않았다. 1947년에 시행된 공직추방에 걸린 그들은 대부분의 사람들처럼 1951년에 추방이 해제되었지만, 그들은 공직추방이 해제되었다고 해서 자신들이 저지른 잘못이 용서된 것으로 생각하지도 않았다. 그들은 그 뒤에도 공직에 복귀하지 않고, '아즈마회'라는 모임을 만들어 반성하는 마음을 다지며 모임을 이어나갔다. 하지만 몇 년이 지나 이대로 가다가는 자신들의 잘못이나 공직추방도 세상에서 잊힐지 모른다는 생각으로 모임 결성 10주년이 되는 1961년에 비석을 세운 것이다.

　전후 일본의 평화운동이 대부분 피해 경험을 토대로 출발했던 것과 달리 그들은 자신들의 가해 경험을 공공의 기억으로 만들기 위해 '어리석은 자'라는 '오명'을 실명과 함께 후세에 남기려고 했다. 처음에는 이 비석이 전사자들을 모신, 영령전이라 불리던 신사에 세워진 이유도 자신들의 어리석음으로 인한 희생자가 바로 전사자들이라는 의식에서 비롯된 것이었다. 하지만 유족회는 이 비석을 탐탁지 않게 여겼다. '어리석은 자'라는 말이 전사자를 모독하는 것처럼 보인다는 것이었다. 비석을 세운 이들은 자신들이 어리석어서 귀한 아들을 죽게 만든 것이니 그 반성의 뜻으로 여기에 세웠다고 설명했지만, 결국 이해받지 못했다. 그 뒤 비석은 근처에 있는 절로 옮겨져 가해의 기억과 피해의 기억은 분리되었다. 현재도 그 신사에서는 전사자들을 추모하는 행사가 열리지만, 어리석은 자의 비가 사라진 그곳에서 전쟁에 대한 구체적인 책임의 문제는 기억되지 않는다. 다시는 그런 역사를 반복하지 않게 할 수 있는 기억의 장치는 제거된 것이다.

이 비석은 패전을 계기로 일본 사회가 근본적으로 변할 수도 있었다는 가능성을 보여준다. 지금 역사적인 기로에 서 있는 한국 사회에서 필요한 것도 이런 장치일지 모른다. 이 암담한 사회를 만들어낸 수많은 '어리석은 자'들을 구체적인 현장에서 기억하는 것이야말로 정권이 아니라 사회를 바꾸기 위해 필요한 작업이다. 학교, 회사, 관공서, 군부대 등등 사회 곳곳에 무수한 어리석은 자의 비가 세워져 이 끔찍한 시절을 제대로 기억할 수 있게 되면, 우리는 이 시대와 결별할 수 있는 하나의 장치를 가질 수 있게 된다.

물론 '어리석은 자'들은 쉽게 인정하고 반성하려고 하지 않을 수 있다. 어리석은 자의 비를 세운 이들 역시 패전과 점령군에 의한 추방이라는 경험이 없었다면 스스로의 어리석음을 깨닫지 못했을 것이다. 우리는 '어리석은 자'들이 스스로 비석을 세우게 되는 상황을 만들어낼 수 있을까?

"말도 편하게 못하겠다"

2017. 3. 5

　지난주 SNS상에서 성균관대의 어떤 건물에 있는 남자화장실이 화제가 됐다. 소변기 바로 위에 소변보는 모습을 들여다보는 듯한 백인 여성의 상체 사진을 붙여 놓은 게 알려졌기 때문이었다. 실제로 보면 충격을 받지 않을 수 없는 광경이어서 많은 이들이 당황하고 분노했지만, 그 반응에도 여러 층위가 있었다. 너무 일반화하면 안 되겠지만, 그 가운데서도 젠더에 따른 차이는 분명했던 것 같다. 남성들 가운데도 이에 불쾌감이나 수치심을 느끼는 사람은 많이 있었지만, 적지 않은 여성들처럼 공포심을 느낀 사람은 별로 없었다. 심지어 어떤 여성들은 이런 것을 보고도 웃어넘길 수 있는 그들이 부럽다고까지 했다. 우리의 일상을 구성하는 폭력에 대해 생각할 때, 이 감각의 차이는 결정적이다.

　이런 폭력을 느끼지 못하는 사람에게 이 화장실 문제는 그야말로 사소한 문제에 불과하다. 이것이 논란이 됐을 때, 어떤 남성은 이런 문제에는 벌떼처럼 몰리면서 왜 이 사회의 부패나 부조리에 대해서는 반응을 안 하냐고 한탄했다. 이보다 더 큰 문제가 있다는 것이다. 그 많은 촛불시민의 한 명일 그 사람과 나도 몇 마디를 나눠봤지만, 결국 그는 말 한마디 편하게 못하게 하는 분위기가 폭력적으로 느껴진다고 하면서 대화를 끝냈다. 실제로 이 화장실을 여러 번 써봤다는 그에게는 그 무심함이 지니는 폭력성을 지적하는 목소리가 더 폭력적인 것으로 비친 것이다.

　사실 말도 편하게 못하겠다는 식의 말은 젠더를 비롯해 일상 속에서 작동하는 위계질서나 폭력에 대해 문제제기를 했을 때 흔히 볼 수 있는 반응이다. 문단 내 성폭력을 고발하는 운동을 인민재판이라고 표현하는 것도 비슷한 반응이라고 할 수 있다. 물론 말도 편하게 할 수 없다는 것은 분명 폭력적인 상황이다. 그런데 어떤 사람에게는 말도 편하게 못하는 상황이 예외적인 것이겠지만, 성폭력의 위협에 늘 노출되어 있는 여성들을 비롯해 흔히 '소수자'로 분류되는 이들에게는 말을 편하게 못하는 것이 일상이다. 그래서 그들은 말을 편하게 할 수 있다는 것 자체가 하나의 권력임을 잘 안다. 편하게 할 수 있는 말이란 자신이 구체적인 관계 속에서 생각해낸 말이 아니라 이 사회에서 이미 인정된 말이기 때문이다. 그런 의미에서 소수자가 편하게 사용할 수 있는 말이란 존재하지 않는다. 그렇지만 더 중요한 것은 그렇다고 그들이 결코 침묵을 선택하지 않는다는 사실이다.

철학자 질 들뢰즈는 사유의 시작에 있는 것은 불법 침입, 폭력, 그리고 적이라고 말한다. 습관 속에 매몰되어 사유를 하지 않으려는 경향이 있는 인간 존재가 사유를 시작하게 되는 것은 어떤 충격을 받았을 때뿐이라는 것이다. 말도 편하게 하지 못하는 폭력적인 경험이야말로 우리를 사유로 이끌어주며, 새로운 세계를 표현할 수 있는 말들은 거기서 생겨난다. '메갈'로 상징되는 여성들의 폭력적인 언어 사용은 단순히 남성들의 입을 막는 것이 아니라 함께 사유할 수 있는 '불편한' 상황을 만들어주는 것이다.

  '태극기 집회'에 나온 사람들은 정말 편하게 말을 한다. 그들이 내뱉는 말들은 그들의 말이라기보다 이 사회에 퇴적된 폭력들이 하는 말이다. 그리고 그 폭력은 결코 멀리 있지 않다. 폭력이 만연한 이 사회를 바꾸기 위해 우리가 먼저 해야 할 것은 일상 속에서 불편하게 말하는 방법을 배우는 것인지도 모른다. 폭력의 존재를 느끼면서 긴장 속에서 한마디 한마디 조심스럽게 입에 올릴 때, 그만큼 우리는 새로운 사회로 다가갈 수 있다.

무명으로 돌아가기

2017. 4. 2

69년 전 4월 3일 새벽, 한라산 중턱의 여러 오름에서 일제히 봉화가 올랐다. 남로당 제주도당을 중심으로 도민들이 일으킨 봉기의 시작을 알리는 신호였다.

정부 차원에서 '제주4·3사건'이라고 부르고 교과서에도 그렇게 나오는 이 사건을 뭐라고 불러야 하는지 연구자들 사이에서도 아직 통일된 견해는 없다. 흔히 '제주4·3'이라고만 부르는 것도 그런 이유 때문이지만, 그 '중립적인' 표현에는 자신의 입장을 드러내지 않으려는 소극적인 자세도 엿보인다.

이런 가운데 제주도 출신의 역사학자 양정심이 '제

주4·3'이라는 명칭의 한계를 지적하며, 4·3에 대한 인식을 '항쟁'의 영역으로 확장할 필요성을 주장한 것은 중요하다. 그는 2008년에 펴낸 저서에서 정부의 『제주4·3사건 진상조사보고서』에 대해 그 의의를 충분히 평가하면서도, 민간인 희생에 초점을 맞추었기 때문에 억울한 양민들이 죽어갔다는 것을 폭로하는 데 그쳤다고 비판한다. 그러면서 그는 그렇게 그려지는 '수난의 역사'가 결국 "가해자의 역사에서 벗어나지 못하고 있는 것"이라고 지적한다. 즉, 수난이라는 서사의 틀을 통해 그려지는 것은 결국 가해자들의 모습뿐, 피해를 입은 이들의 구체적인 모습은 보이지 않는다는 것이다.

수난 서사는 피해자 중심적인 것처럼 보인다. 하지만 거기서 이야기되는 피해 사실들은 오로지 가해자의 폭력성을 입증하기 위한 사례에 불과하다. 이때, 폭력을 통해 피해자라는 위치에 강제적으로 놓이게 된 이들은 다시 피해자의 위치에 고정된다. 이 '피해자의 피해자화'는 그들이 지녔을 다양한 가능성들을 봉인한다.

이런 피해자화에 대한 저항을 생각할 때 떠오르는

것은 1959년에 일본 규슈 북부의 탄광지대에서 창간된 〈무명통신〉(無名通信)이라는 간행물이다. 당시 그 지역에서 활동하던 시인 모리사키 가즈에(森崎和江) 중심으로 발간된 이 잡지의 성격은 창간사 '도덕 귀신을 퇴치하자'에 잘 드러나 있다. 이 글은 다음과 같이 시작된다. "우리는 여자에게 덮어씌워진 이름을 반납하겠습니다. 무명으로 돌아가고 싶은 것입니다." 이 글에서 먼저 비판 대상이 되는 것은 가부장제지만, 그 가부장제 속에서 형성된 '피해자의 자유', 즉 아무도 해치지 않았다는 데서 오는 도덕적 안락함을 여성들이 버리지 않는 것이 가부장제가 재생산되는 원인이라고 날카롭게 지적한다. 그런 성찰 뒤에 이 글은 다음과 같이 말한다.

"이렇게 보면, 과거 가부장제를 만든 권력을 뒤엎기 위해서 피해자로서 모이는 것만으로는 여자들의 근본적인 해방은 이룩할 수 없는 셈입니다. 자신을 가두는 껍데기를 우리 손으로 깨는 것. 그것은 피해자가 권력에 대한 가해자가 되는 순간입니다. 일상생활 속에서, 우리가 우연히 알게 된 동무들 속에서 이것을 하는 것 외에 다른 자리는 없습니다." 주어진 이름을 반납하고 무명으로 돌아간다는 것은 스스로 새로운 이름을 짓기 위한 첫 걸음이며, 그것은 권력에 대한 가해자가 될 때 가능해진다.

 4·3봉기를 일으켰을 때, 그것을 주도한 이들이 내세운 것은 '조국의 통일독립과 완전한 민족해방'이라는, 어찌 보면 추상적인 것이었다. 그런데도 많은 이들이 거기에 호응하며 산으로 올라갔다. 이렇게 텅 빈 구호가 힘을 지닐 수 있었던 까닭은, 당시 사람들이 주어진 이름에서 벗어나 아직 없는 이름을 짓기 위한 '무명'을 그 구호에서 발견했기 때문일지도 모른다.

 아직 없는 세상을 위해 올린 그날의 봉화는 우리도 일상에서 주어진 이름을 반납하고 무명이 되기를 권하고 있다.

선거는 어떻게
민주주의를 파괴하는가

2017. 4. 30

　적폐 청산이란 무엇을 하는 것일까? 청산해야 할 적폐들은 수없이 많지만, 최근 며칠 동안 선거와 관련된 뉴스를 보면서 떠오른 것은 유신헌법의 잔향이었다. 1972년에 제정되어 유신체제의 근간이 된 유신헌법의 특징 가운데 하나는 1조 2항에 나온 주권자에 대한 규정이다. "대한민국의 주권은 국민에게 있고, 국민은 그 대표자나 국민투표에 의하여 주권을 행사한다." 이후 대통령 긴급조치를 통해 이 헌법에 대한 부정적인 의견을 표출하는 것 자체가 범죄로 규정된 것처럼, 주권자인 국민은 직접 정치에 대해 이야기할 수도 없고, 오직 투표나 청탁을 통해서만 정치에 관여할 수 있게 되었다. 즉, 누구를 지지하느냐, 어느 줄에 서느냐가 '정치'가 된 셈이다.

지난주, 문재인 후보가 4차 토론회에서 한 혐오발언에 대해 성소수자들이 직접 항의행동에 나서자 일부에서 비난이 쏟아졌다. 내가 본 것만 해도 '예의가 없다'부터 '테러'까지 다양한 수준의 막말이 난무했다. 문재인의 연설을 방해하지 않도록 끝까지 기다렸다가 무지개깃발을 들고 천천히 걸어가면서 몇 마디 외친 것을 두고 마치 난동을 부린 것처럼 이야기하는 모습을 보면서, '유신'이 아직 끝나지 않았음을 절감했다.

성소수자들의 행동에 대한 비난에서 볼 수 있었던 것은, 한마디로 '오냐오냐하니까 기어오른다'는 의식이다. '불쌍한 약자'로서 '훌륭한 지도자'의 구원의 손길을 기다렸어야 할 존재가, 자신들도 오르지 않는 정치 무대에 등장한 것이 용납이 안 되는 것이다. 그들이 지닌 위계의식은, 성소수자들이 홍준표가 아니라 문재인을 '공격'한 이유가 그가 만만해 보여서였다는 인식에서 잘 드러난다. 물론 이런 가정 자체가 망상이긴 하지만, 오히려 그렇기 때문에 그들의 의식은 더 잘 보인다. 자신이 지지하는 정치인을 누군가 만만하게 봤다고 분노하고 있는 것이다. 그런데 정치인이 만만해 보이는 게 그렇게 나쁜 것일까?

노무현이 대통령이었을 때, 나에게 무엇보다 좋았던 것은 어떤 의미에서 그가 만만해 보인다는 점이었다. 그가 대통령으로서 잘못한 것도 많지만, 과거 어떤 대통령보다도 탈권위주의적이었다는 점에서 한국 사회의 민주화에 기여했다는 사실은 충분히 평가될 만하다. 보수세력이 노무현이 한때 대통령이었다는 사실 자체를 수치스럽게 생각하는 이유도 그가 대통령의 권위를 실추시켰다고, 즉 민주화시켰다고 생각하기 때문이 아닌가.

권위를 바라는 마음은 '무질서'에 대한 두려움에서 비롯된다. 4·19혁명 이후 쏟아져 나온 다양한 목소리들 앞에서 적지 않은 '진보적' 지식인들이 오직 '혼란'만을 보고 불안해했다. 위계의 붕괴는 '사회 지도층'으로서의 그들의 존립기반 자체를 위협하기 때문이다. 그리고 그들의 그러한 불안은 '혼란을 수습한' 군사쿠데타에 대한 지지로 이어졌다. 우리가 그들과 다른 길을 갈 수 있을지 여부는 우리가 '광장'에서 무엇을 배웠느냐에 달려 있다.

올해 1월, 〈한겨레〉가 실시한 설문조사에서 더 나은 민주주의 사회를 위해 필요한 것으로 시민들이 검찰개혁에 이어 두 번째로 꼽은 것이 시민의 직접 정치 참여였다. 이는 꼭 대의제를 부정하자는 이야기는 아니다. 선거 과정을 통해 더 다양한 의견들이 드러날 수 있게 하는 것도 우리가 할 수 있는 직접 정치 참여의 한 방법이며, 성소수자들의 행동이 바로 그런 것이었다. 우리가 할 수 있는 것이 투표뿐이라는 생각에서 벗어나지 않는 한, 유신시대는 끝나지 않는다.

'유희'를 떠올리며

2017. 5. 28

이양지라는 소설가가 있었다. 지난 5월 22일이 그가 세상을 떠난 지 25년이 되는 날이었다.

일본에서 나고 자란 그는 일본의 대표적 문학상인 아쿠타가와상을 받기도 해서 1980년대 후반에는 한국에서도 꽤 많이 알려져 있었다. 그의 소설들도 당시에는 모두 번역되었지만, 이제는 다 절판돼서 그 책을 보려면 헌책방이나 도서관에 갈 수밖에 없다. 어떻게 보면 이미 잊힌 존재에 가깝지만, 그가 남긴 작품들은 지금도 읽을 만한 가치가 있다.

다른 재일조선인 작가들과 달리 이양지는 등단한

1982년부터 사망한 1992년까지 대부분의 시간을 서울에서 보냈다. 그의 작품들도 대부분 서울에서 집필되었다. 초기작들은 일본에서 지내던 시절의 자기 경험을 바탕으로 한, 어찌 보면 전형적인 '재일조선인 문학'이었지만, 어느 시점부터 작품의 소재도 한국에서 생활하는 '모국 유학생'으로 변해간다. 그 계기는 아마도 한국어 번역이었다. 일본 문단에서 주목을 받으면서 한국에서도 그의 작품이 번역되기 시작했는데, 그때부터 그는 일본 내의 소수자로서 재일조선인을 그리는 데 머무르지 않고 한국에 와도 소수자가 되는 재일조선인들의 모습을 그리게 되었다. 그는 계속 일본어로만 썼지만 그가 염두에 둔 독자는 어쩌면 '한국인'들이었다.

한국에 와서 무시당하거나 소외감을 느꼈다는 재일조선인들은 많다. 이양지도 그랬지만, 일본에서 차별에 맞서기 위해서는 민족 정체성이 중요하기 때문에 그들이 품게 되는 '조국'에 대한 마음은 '본국인', 즉 한국에 사는 한국인이 생각하는 그것보다 훨씬 강하다. 그런데 막상 '조국'에 와보면, 왜 말도 못하냐는 핀잔을 듣고,

또 '일본인' 취급을 받아 상처를 받는 일이 흔하게 벌어진다. 특히 이양지가 한국에서 지냈던 80년대에는 재일조선인에 대한 이해가 지금보다 훨씬 부족해서 그는 '조국'에서도 이방인임을 느끼지 않을 수 없었다. 이러한 감정이 그가 모국 유학생을 주인공으로 한 작품을 쓰게 된 동기였을 것이다.

사실 일본에서 차별받는 재일조선인들의 이야기는 한국에서는 '한국인'의 정체성을 강화시키면서 소비될 수 있다. 하지만 한국에서 소외감을 느끼는 재일조선인들의 이야기는 그 '한국인'이라는 범주를 불안정하게 만든다. '같은 한국인'이라는 의식이 결코 자명한 것이 아니라는 사실이 드러나는 것이다. 외국인을 대할 때보다 재일조선인을 대하는 '한국인'의 태도가 덜 관용적인 이유가 여기에 있다. 재일조선인들은 '한국인'이라는 규범을 혼란시키기에 불편한 존재로 여겨지는 것이다.

이양지의 대표작 〈유희〉는 이러한 혼란을 의도적으로 추구한 작품이다. 이 작품 역시 모국 유학생을 다루었지만, 그 전에 썼던 것과 달리 소설의 화자가 본국인인 점이 중요하다. 작품의 줄거리 자체는 '유희'라는 모국 유학생이 끝내 한국 사회에 적응하지 못해 일본으로 돌아가게 되는 좌절 이야기지만, 그 과정을 본국인의 시선을 통해 그려냄으로써 재일조선인과의 만남을 통해 본국인의 정체성이 흔들리는 모습을 보여주었다. 이양지는 본국인의 위치에서 말한다는 '유희'를 통해 '다수자'를 낯설게 만들려고 한 것이다.

'소수자'는 최근 한국 사회에서 중요한 화두지만, 소수자가 자신을 공격한다고 생각해 방어적으로 반응하는 이들도 많다. 그런데 소수자가 공격하는 것은 '다수자'라는 우리이며, 거기에 갇혀 있는 이들에게 바깥세상의 존재를 일깨워준다. 이양지의 도전은 그가 병으로 세상을 떠남으로써 중단되었지만, 그가 시작한 '유희'는 지금도 계속되고 있다.

"안보입니다"

2017. 6. 25

대선 당시 SNS상에서 많이 돌았던 '짤'이 있다. 지금 가장 중요한 문제가 뭐냐는 기자 질문에 서리 낀 안경을 쓴 문재인 후보가 "안보입니다"라고 대답하는 사진이다. 나도 그때 보면서 많이 웃었지만, 요즘 사드를 비롯해 안보 관련 사안이 논의되는 방식을 보고 있으면, 이것이 꼭 농담만은 아니라는 생각이 든다. 실제로 안보의 이름으로 안 보이게 되는 것이 너무 많기 때문이다.

사드뿐만 아니라 그동안 국가정보원이 아무 감시도 받지 않고 특정인의 권력을 지키기 위해 활동하는 데도 안보라는 장막이 절대적인 구실을 했다. 안보만 들이 대면 어떤 비밀도 어떤 독재도 정당화할 수 있기에, 과거 군사독재 시절부터 안보는 전가의 보도와 같은 것이었다. 남북한이 여전히 전쟁 상태에 있다고만 하면, 정권에 비판적인 사람들도 대체로 입을 다물었다. 홉스가 '만인에 대한 만인의 전쟁'이라는 끔찍한 상황을 피하고 싶다면 자연권의 일부를 양도해야 한다며 국가에 의한 지배를 정당화했듯이, 전쟁에 대한 공포는 국가권력에 대한 판단을 정지시키며 자신과 국가를 동일시하게 만든다.

그런데 미셸 푸코가 홉스의 논의에는 실제 전쟁이 존재하지 않는다고 지적한 것처럼, 사실 안보 논리를 작동시키는 '전쟁'은 전혀 구체적이지 않다. '안보교육'에서 한국전쟁은 빠질 수 없는 단골 메뉴지만 거기서 제시되는 것은 몇 가지 정형화된 이미지들뿐, 한국전쟁의 구체적인 모습에 대해서는 결코 알려주지 않는다. 한국전쟁의 다양한 측면에 대해 알게 되면 안보가 보장하는 것이 누구의 안전인지 생각하지 않을 수 없기 때문이다. 안보 논리는 어떤 구체적인 것을 안 보이게 하면서 작동한다.

　한국전쟁 개전 직후에 남한 전역에서 벌어진 국민보도연맹원에 대한 집단학살은 이 전쟁이 지닌 어떤 측면을 단적으로 보여준다. 1949년에 정부 주도로 결성된 보도연맹은 과거 좌익으로 활동했던 사람들을 조직한 전향자 단체였는데, 대한민국에 대한 충성을 맹세했던 이들은 전쟁이 터지자마자 구금되었다. 6월 25일에 내무부 치안국이 전국의 도 경찰국에 그들을 구금하도록 지시했기 때문이다. 아무 법적 근거도 없이 구금된 이들은 후퇴하는 국군과 경찰에 의해 학살당했다. 그 희생자는 분명히 확인된 인원만으로도 5천명에 가깝다. 그 뒤에도 거창사건을 비롯해 국군의 민간인 집단학살은 여러 번 벌어졌다. 이들은 누구의 '적'이었을까?

　군과 경찰에 의한 민간인 학살 문제는 4·19혁명이 일어나자 곧바로 수면 위로 올라왔다. 전국적으로 유족회가 조직되고 국회에서도 진상조사가 진행되었다. 군경이 권력자를 위해 '국민'을 죽이고 억압하는 일이 다시는 일어나지 않도록 진상을 밝히고 기억하는 작업이 반드시 필요했다. 하지만 이 작업은 완수되지 못했다. 1961년 5월 쿠데타로 권력을 잡은 군부세력은 진상조사를 중단시켰을 뿐만 아니라 유족회를 해산시키며 그들이 세운 위령비도 모조리 파괴했다. 심지어 유족회 간부들은 '특수반국가행위'라는 죄목으로 사형 선고까지 받아야 했다. 안보 논리로 쿠데타를 정당화해야 할 군부세력에게 국군이 꼭 국민을 지키는 존재가 아니라는 사실만큼 '위험한' 것도 없었기에 이 문제는 철저히 봉인되었다. 이런 강요된 망각 위에서 오랫동안 안보 논리는 기승을 부렸다.

'박정희 레짐'에서 벗어나려면 그 체제의 핵심에 있던 안보 논리를 극복해야 한다. 한국전쟁을 전후해 벌어진 민간인 학살을 비롯한 국가폭력의 진상을 밝히는 정부 차원의 작업이 꼭 재개되어야 할 이유는 여기에 있다.

차별금지법과 촛불민주주의

2017. 7. 23

　이번에 정부가 발표한 100대 국정과제에 차별금지법에 관한 내용이 들어가지 않았다. 지난 대선 때부터 당시 문재인 후보는 차별금지법에 대해 이미 소극적인 태도를 보였으니 놀라운 일은 아니다. 하지만 그것이 빠진 이유를 보니 우려가 된다. 이는 단순히 법 하나를 제정하느냐 마느냐는 차원의 문제가 아니다.

　100대 과제를 선정한 국정기획자문위원회 관계자에 따르면, 선정 과정에서 차별금지법에 대한 논의는 이루어졌으나 "그 내용 중에 사회적 논쟁을 유발할 내용이 있어서" 빠졌다고 한다. 대선 당시에도 문재인 후보는 차별금지법을 적극적으로 추진할 생각이 없다는 입장을 보였지만, 그때는 "사회적 합의를 도출하는 과정이 선행되어야 한다"는 것이 그의 논리였다. 즉, 당장에 차별금지법을 제정할 생각은 없지만 사회적 합의를 이끌어내는 과정은 필요하다는 입장이었다. 하지만 이번에 국정과제 선정에서는 사회적 합의 과정에서 반드시 필요한 사회적 논쟁을 유발한다는 것이 배제의 이유가 되었다. 결국 사회적 합의를 이룰 길 자체를 막아버린 셈이다. 정부가 내세우는 '촛불민주주의 실현'이 이것으로 가능할까?

촛불민주주의라는 표현은 촛불이라는 이미지를 통해 감성에 호소하는 방식의 말이라 그 뜻이 좀 불분명하지만, 그 핵심에는 광장에 모인 다종다양한 이들에 의해 이루어지는 직접민주주의가 자리하고 있을 것이다. 그런데 직접민주주의란 모두가 직접 정치적 주체가 된다는 것, 바꿔 말해 아무도 누군가를 대변하지 않는다는 것을 말한다. 아무도 다른 사람을 대변할 수 없기에 모두가 스스로 목소리를 낼 수 있어야 한다는 것이 직접민주주의의 원점이다. 또 모두가 다르다는 데서 출발하기 때문에 합의 못지않게, 아니 어쩌면 합의 자체보다도 합의를 형성하는 과정을 중요시한다. 이 부분이 대의제 민주주의와 직접민주주의의 결정적인 차이다.

대의제 민주주의는 동일성의 논리를 그 핵심으로 삼는다. 한 명의 대통령이 국민 전체를 대표할 수 있다는 것도 '국민 전체의 의지'라는 것이 존재하고, 그것을 대통령의 의지와 같은 것으로 간주하기 때문인데, 루소가 상정한 '일반의지'처럼 대의제라는 '무리수'를 정당화하기 위해서는 '국민'을 비롯한 어떤 동일성을 설정할 수밖에 없는 것이다.

그런데 대의제 민주주의만을 민주주의로 생각하는데 익숙해지다 보면 이 동일성이 민주주의의 바탕이라는 착각에 빠지기 쉽다. 마치 차이를 지우고 한목소리를 내는 것을 민주주의인 것처럼 생각하게 되는 것이다. 그렇게 되면 합의 자체가 우선시되고 합의 형성 과정은 되도록 줄여야 할 일종의 '거래비용'으로 간주된다. 그런 관점에서 본다면, 사회적 논쟁을 유발하는 사안이 기피 대상이 되는 것도 당연할지 모른다.

그런데 그런 동일성, 또는 '합의'를 손쉽게 이루기 위한 방법으로 한국 사회에서 오랫동안 사용된 것이 다름 아닌 차별과 혐오였다. 나치즘이 유대인을 그렇게 이용한 것처럼, 어떤 소수자를 배제하며 철저하게 차별하는 것을 통해서 나머지 이들에게 합의를 강요하는 것은 독재자들이 즐겨 쓰던 방법이다. 툭하면 '종북몰이'를 일삼던 박근혜 정권의 정치 방식도 바로 그런 것이었음을 우리는 생생하게 기억한다. 이런 '민주주의'를 거부하기 위해 나타난 것이 촛불이 아니던가.

차별금지법은 단순히 일부 사람들의 인권을 보호하기 위한 법이 아니라 민주주의를 파괴하는 역할을 해온 차별을 없애기 위한 법이다. 이런 법에 관한 사회적 논쟁을 일으키는 것이야말로 촛불민주주의를 실현하는 길이다.

민주주의의 국경

2017. 9. 17

〈작은오빠〉(にあんちゃん)라는 영화를 봤다. 이마무라 쇼헤이 감독이 1959년에 찍은 이 영화는 규슈 북부의 작은 탄광촌에서 부모를 잃은 재일조선인 4남매가 가난 속에서도 꿋꿋이 살아가는 모습을 보여준다. 탄광노동자들의 투쟁이 격렬해지기 시작하던 제작 당시 상황을 반영해서 그런지 영화는 변방 탄광촌의 고된 삶에 초점을 맞추고 있지만 주인공이 재일조선인이라는 사실은 전혀 숨기지 않았다. 지금 보면 이런 영화가 상업영화로 제작되고 정부로부터 상까지 받았던 것이 기이하게 느껴질 수도 있지만, 그 배경에는 영화의 원작이 당

시 일본에서 베스트셀러였다는 사실이 있다.

이 영화의 원작은 그 4남매의 막내인 야스모토 스에코라는 소녀가 초등학교에 다니면서 쓴 일기다. 가난 속에서 살아가는 자신의 일상을 담담하게 그려낸 그 일기는 출판된 지 채 1년도 지나기 전에 50만부가 팔렸으며 베스트셀러 1위에 오르기도 했다. 그때 적지 않은 일본 사람들이 재일조선인들의 어려운 삶을 남의 일로 여기지 않고 공감하는 모습을 보인 것이다. 이런 현상은 일본의 전후 민주주의가 지녔던 휴머니즘적인 정서를 잘 보여준다. 아직 가난의 존재가 일상 속에서도 느껴지던 고도경제성장 이전의 일본 사회에서 사람들의 감수성은 국적을 쉽게 뛰어넘었다.

과거 일본 사회가 보여주었던 이런 측면은 일본에 대한 편견을 깨는 데 도움이 될 수 있다. 우리가 흔히 생각하는 것만큼 일본 사회는 단순하지 않다. 전쟁과 패전의 과정에서 일본의 대다수 사람들이 겪은 고통스러운 경험은 확실히 그들의 공감능력을 키웠으며, 그것이 전후 일본에서 민주화가 진행될 때 큰 동력이 되었다. 하지만 그 공감에는 한 가지 측면이 빠져 있다. 재일조선인들의 고통이 어디서 오는지, 어쩌면 자신이 가해자는 아닌지 의심해보는 시선이 없었던 것이다.

사실 일본 전후 민주주의가 지닌 한계로 그 '피해자 의식'이 지적된 지는 이미 오래다. 일제의 침략과 식민지배에 가담했던 '국민'을 군국주의의 피해자로 자리매김하면서 국민이 주인이 되는 세상을 지향했던 것이 결국 제국주의 문제를 은폐했다. 전후 민주주의적 감수성은 국적을 뛰어넘은 것처럼 보였지만, 그것은 자신의 역사적 위치를 외면하는 한에서 가능한 것이었다.

그런데 이것은 과연 일본에 고유한 문제일까? 여기서 생각해봐야 할 것은 일본 또는 제국주의의 문제라기보다 오히려 민주주의나 민주화라는 시각 자체가 지닌 한계다. 민주화란 기본적으로 한 국가 내부에서 일어나는 현상이다. 그래서 보통 그것은 국민주권의 실현으로 생각된다. 전후 일본의 경우도 그랬고, 그 결과는 식민지배에 대한 망각이었다. 우리의 현실을 규정하는 힘들이 국경선을 넘어 작용하고 있을 때, 민주화를 중심에

놓은 사고는 오히려 구체적인 현실을 못 보게 만들 수 있는 것이다. 다시 민주화를 이룩한 한국 사회에서 이것은 남의 일이 아니다.

민주화의 결과로 탄생한 대통령이 현충일에 베트남전을 '참전용사' 입장에서만 평가해 베트남 정부로부터 항의를 받은 일이 생각난다. 2016년 통계에 따르면 현재 한국에 거주하는 외국인 가운데 조선족이 태반인 중국을 빼면 베트남에서 온 이들이 가장 많다. 이제 15만 명이나 되는 이들에게, 또 베트남에 '진출'한 한국 기업에서 일하는 이들에게 한국은 어떤 존재일까.

내년 한국군에 의한 베트남 민간인 학살 50주년을 앞두고 현재 시민법정이 준비 중이라고 한다. 민주화를 가능케 한 우리의 경험과 감수성은 국경을 넘을 수 있을까?

후 캔 스피크

2017. 10. 15

 이 세상에 말할 수 없는 사람이 있을까? '말'의 범위를 음성언어로 한정시키지 않고 표정이나 몸짓까지 다 포함시킨다면, 말할 수 없는 사람이란 거의 없을 것이다. 흔히 말할 수 없다고 표현되는 것은 아무도 들어주지 않는다는 뜻이다. 스스로 말할 수 없다고 할 때조차도 다른 이들에게 통할 만한 말을 할 수 없다는 것이지, 그때도 어떤 '말'은 꼭 존재한다. 문제는 누가 들으려고 하느냐다.

 영화 〈아이 캔 스피크〉는 말하기와 듣기의 이러한 관계를 잘 보여주는 영화다. 주인공 나옥분은 처음부터

'말이 많은 사람'이었다. '위안부 문제'에 관한 것은 아니었지만, 매일같이 구청을 찾아가 민원을 넣는 그의 모습은 침묵과는 거리가 멀다. 문제는 그때 그의 말을 듣는 이가 없었다는 것이다. '위안부'로서의 경험을 증언할 때와 마찬가지로 그는 계속 정의 실현을 호소했지만, 그 말들은 기계적으로 '접수'되었을 뿐 말로 취급되지 않았으며, 심지어 그가 제출한 자료들이 파쇄되기까지 한다. '침묵'은 이렇게 만들어진다.

이 영화는 어떤 의미에서 한국 사회를 아주 리얼하게 그려냈다. 구청 공무원들에게 늘 기피 대상이었던 '도깨비 할매'가 '위안부' 생존자였다는 것이 알려지고 그가 미국에서 증언을 하는 데 어려움이 생기자 그 공무원들이 적극적으로 나서서 그가 증언할 수 있도록 돕는 장면은, 이 사회에서 '말할 권리'가 어디에 있는지 적나라하게 보여준다. 재개발 문제를 제기할 때는 귓등으로도 안 듣던 이들이 '위안부 문제'에 대해서는 왜 이렇게 귀를 기울이는 것일까. 물론 '위안부 문제'에 관심을 가지고 어떤 활동을 시작하는 것이 나쁜 일일 리는 없다.

하지만 그것을 계기로 그들이 다른 민원인들의 말에도 진지하게 귀를 기울이게 되지 않는다면, 거기에 있는 것은 말들 사이에 세워진 위계뿐이다.

이런 문제를 보여주다가도 결국에는 얼버무렸기 때문에 이 영화의 서사가 재개발 문제로 시작되었는데도 그 문제는 어느새 증발하고 만다. 마지막에 등장하는 시장 모습은 아무 문제도 없었던 것처럼 평화롭기만 하지만, 실제 상황이었다면 이렇게 쉽게 재개발 문제가 해결되었을 리가 없다. '유능한' 공무원 박민재가 낸 아이디어대로 구청의 행정명령과 그에 대한 재개발 추진 세력의 불복 소송이라는 방식으로 재개발은 '무사히' 진행되었을 것이다. 나옥분이 기록한 자료들도 다 공무원들이 없애버려서 법적으로 재개발을 중단시킬 만한 '하자'도 없으니 말이다. 이런 상황이 벌어졌다면 박민재는 어떻게 책임을 졌을까? 이 영화가 단순히 일본을 비판하는 것을 넘어서 침묵을 강요했던 이들을 비판하기 위한 것이라면, 마지막에 그려져야 했던 것은 아베에 대한 욕이 아니라 재개발 문제에 대처하는 공무원들의 모습이다.

'재개발', '위안부', '구청'이라는 세 가지가 한데 모이면 떠오르는 장면이 있다. 작년 3월, 옥바라지골목 재개발 문제로 주민들과 함께 종로구청 주택과를 찾아갔었다. 거기서 주택과 과장은 내가 일본인임을 알자 '위안부 문제나 해결하라'고 소리쳤다. 이때 '위안부 문제'는 재개발 문제를 말하는 입을 막기 위한 '권위적' 도구였다. 당시 옥바라지골목의 역사에 대해서 전혀 관심을 보이지 않던 종로구가 최근 일본대사관 앞에 있는 평화의 소녀상을 공공조형물로 지정해 소녀상 지킴이로 나섰다. 과연 그들은 달라진 것일까?

이 사회 속에는 수많은 '옥분들'이 존재하며 지금도 '사소한' 정의를 위해 끊임없이 목소리를 내고 있다. 지금 우리는 그것을 듣고 있을까?

조직을 지키는 것과
운동을 지키는 것

2017. 11. 12

50년 전 11월 13일. 일본 도쿄에서 대중적인 베트남 반전운동을 펼치던 시민운동단체 '베트남에 평화를! 시민연합'(베평련)이 기자회견을 했다. 요코스카에 정박 중인 미국 항공모함에서 베트남전에 반대해 탈영한 4명의 미군을 무사히 탈출시켰다는 내용이었다. 이미 유럽에서는 베트남전 참전을 거부한 미군들의 탈영이 적지 않게 일어나고 있었는데, 이 사건을 계기로 일본에서도 미군들의 탈영을 조직적으로 지원하는 모임이 생겨났다. 주로 베평련에서 활동했던 이들이 만든 자텍(JATEC, 반전탈영미군원조일본기술위원회)이 그것이다.

그들은 이듬해 4월에도 한국계 미국인 김진수를 비롯한 6명의 탈영 미군을 탈출시킨 것을 시작으로 6월에 3명, 9월에 4명을 스웨덴으로 보내는 데 성공한다. 물론 그 과정은 결코 순탄하지만은 않았다. 미군 쪽에서 탈영병에 대한 수사를 일본 경찰에 요청했기 때문에 탈영병들을 보호하는 작업은 일종의 지하활동의 성격을 띨 수밖에 없었다. 그럼에도 그들을 며칠씩이라도 숨겨주려는 이들은 많았고, 그 대부분은 평범한 가정집이었다. 침략전쟁을 거부해 탈영한 군인들에 대한 대중적인 공감이 그들을 지켜냈다.

하지만 자텍에도 큰 시련이 닥쳤다. 미군 쪽에서 탈영병을 위장한 스파이를 보낸 것이다. 사실 적지 않은 활동가들이 그가 스파이일지도 모른다고 느꼈다. 대부분 탈영병들이 불안정하고 규율화가 덜 된 모습을 종종 보였던 반면에 그는 안정되고 '모범적인' 청년이었다. 그의 존재를 두고 운동 내부에서도 많은 논의가 있었다. 그가 스파이라면 같이 탈출해야 할 탈영병이 위험해지고 또 지금까지 그들을 해외로 탈출시켰던 비밀경로가 들통날 수 있기에 신중해야 했다. 하지만 결국 자텍 멤버들은 99% 의심스러워도 1% 진짜 탈영병일 가능성이 있다면 믿어야 한다는 입장을 취했다. 그 결과 같이 탈출하려던 미군은 체포되었고 10여명을 탈출시킨 경로는 더 이상 이용할 수 없게 되었다. 중심적으로 움직이는 멤버가 누구인지도 경찰에 알려져 자텍 조직은 거의 무너졌다.

그런데 그때 책임자로 활동했던 구리하라 유키오(栗原幸夫)는 30년이 지난 뒤에 당시를 회고하며 그때 판단이 옳았다고 말했다. 조직을 지키기 위해 탈영병들을 의심하기 시작했다면 오히려 탈영병을 지원하는 운동 자체가 붕괴했을 거라는 게 그의 생각이다. 그가 보기에 조직의 파괴를 두려워하는 까닭은 그 조직을 대체 불가능한 것으로 생각하기 때문이며, 사실 그 바탕에 깔려 있는 것은 대중에 대한 불신이다. 원래부터 대체 불가능한 지도자를 만들지 않기로 했던 자텍은 이런 발상을 거부했고, 역설적이게도 조직을 희생시킴으로써 운동을 지켜냈다. 일단 조직은 파괴됐지만 몇 달 뒤 다른 이들에 의해 자텍이 재건되었고, 기관지를 내는 등 오히려 더욱 운동을 공개적으로 펼치면서 탈영병 지원은 계속되었다. 그들은 시민들에게 자텍을 지원해 달라고 하지 않고 알아서 자텍이 되어 달라고 호소했다. 실제로 여러 지역에서 자생적으로 자텍이 생겨서 미군기지 주변 지역을 중심으로 전국 각지에서 다양한 운동이 전개되었다. 조직의 파괴는 오히려 운동의 확산을 낳았다.

자텍의 경험은 조직의 파괴가 운동의 끝이 아니며 조직을 지키려는 행위가 오히려 운동을 파괴할 수도 있다는 사실을 일깨워준다. 촛불 1년을 지난 지금, 자텍이 보여준 운동의 역사를 통해서 조직이란 무엇인지, 또 운동의 지속이란 어떤 것인지 한번 근본적으로 고민해보는 것은 어떨까?

누가 국가를 두려워하는가

2017. 12. 10

며칠 전 '『제국의 위안부』 소송 지원 모임'이 발족했다. 그들은 『제국의 위안부』 저자에게 벌금 1000만원을 선고한 명예훼손 소송 2심 판결을 비판하며, 이어질 소송에 대한 지원을 호소했다. 100명 가까운 이들이 동참한 이 모임의 호소문을 보니 어떤 기시감이 들었다. 이들은 "이러한 2심 재판부의 판결 앞에서, 군사독재 정권과 함께 사라진 것으로 여겨졌던 사상적 통제가 다시금 부활하는 듯한 느낌, 획일적인 역사 해석이 또다시 강제되는 듯한 느낌을 받는 사람은 한둘이 아닐 것"이라고 말하는데, 국가기관이 역사를 해석하는 것에 대한 이런

유의 비판은 10여년 전에도 있었다.

노무현 정부 시절, '친일반민족행위진상규명위원회'를 비롯해 여러 과거사 관련 위원회가 설치되어 국가 차원의 '과거사 청산' 작업이 진행되었다. 그런데 이런 국가사업에 대해 '위기의식'을 느끼고, 비판하고 나선 지식인들이 있었다. 내부적인 편차는 있지만 대체로 민족주의를 비판한다는 점에서는 일치한 이들이 '뉴라이트'라고 불리는 흐름을 형성하게 되는데, 이들은 국가가 '친일파'를 규정하고 역사를 판단하는 것을 강하게 비판했다. 이런 비판 작업의 산물 가운데 하나가 『해방전후사의 재인식』(2006)이라는 책인데, 그 편자 가운데 1명이 그동안 『제국의 위안부』를 옹호하는 데 앞장섰던 김철 연세대 명예교수라는 사실은 여기에 있는 어떤 흐름을 잘 보여준다.

또 이번 모임에 동참한 면면을 살펴보면 2015년 12월에 나왔던 '지식인 성명'과 달리 안병직, 이영훈, 이대근이라는 이름을 볼 수 있다. 이들은 뉴라이트 지식인 그룹의 한 축을 이루었던 낙성대경제연구소의 주요 구성원이다. 문재인 정부가 들어서면서 이런 변화가 생겼다는 사실은 의미심장하다.

여기서 우선 분명히 말해둬야 할 것은, 내가 '뉴라이트=친일파'라는 단순한 도식으로 이번 모임에 참여한 이들을 매도하려는 것은 아니라는 점이다. 물론 뉴라이트 계열 지식인들은 대체로 '친일파'로 분류되는 이들에 대해 우호적이었으며 그들을 이해할 필요를 역설했다. 그런데 우리가 주목해야 할 것은, 식민지 권력에 협력했던 이들에 대한 이해심이 현재 국가권력에 저항하지 못하는 '나'를 받아들이게 하는 효과가 있다는 데 있다.

뉴라이트 지식인들이 근현대사 교육에 개입하면서 말하려고 했던 것은 한마디로 '저항은 부질없다'는 것이었다. 괜히 저항하지 말고 권력과 '현명하게 협상하자'는 이들의 입장이 그 선구자로서 '친일파'를 주목하게 만든 것이다. 『제국의 위안부』에서 큰 문제가 되었던 일본군과의 '동지적 관계'라는 서술 역시 그들의 저항을 보지 않는 데서 비롯된 것인데, 이들이 공유한 이 무력함이 문제의 핵심이다.

이렇게 봤을 때, 지원 모임이 이번 판결과 관련해 "우리는 앞으로 신변의 위해를 입지 않으려면 국내외의 주류 집단에서 "올바르다"고 인정하는 역사 인식만을 따라야 합니다"라고 말하는 것의 의미는 분명해진다. 이들은 국가가 정하면 따라야 한다고 생각하기에 국가를 '비판'하는 것이다. 역사 교과서 국정화에 대해서는 기본적으로 지지하는 입장이었던 이영훈이 이런 모임에 참여할 수 있다는 사실이 무엇을 의미하겠는가. 겉보기와 달리 여기에는 근본적인 국가 비판은 존재하지 않는다.

국가 비판은 국가에 대한 과대평가에서 벗어나는 것으로부터 시작되어야 한다. 아무리 강력한 지배 아래서도 저항 자체가 끊긴 적은 없었다. 역사는 우리가 생각보다 약하지 않다는 것을 가르쳐준다.

『그날 당신은 어디에 있었는가』 해설 (루페, 2017)

물에 빠진 개는 쳐라

　이 사진집은 즐거웠던 승리의 순간을 기억하기 위한 것이 아니다. 물론 실제로 우리는 승리를 했고, 그 경험은 앞으로 우리가 살아가는 데 크나큰 힘이 될 것이다. 하지만 그 승리에 도취해 벌써 '너그러운 마음'을 가지게 될까 봐 우려하는 마음이 이 사진집에는 담겨 있다. 오만방자한 검사들과 민주적인 대화를 시도했던 노무현이 결국 누구에 의해 죽음으로 내몰렸던가. 용서, 화해, 다 좋은 말이다. 하지만 그러기에는 아직 이르다.

　중국의 작가 루쉰은 1926년 초에 발표한 글 「페어플레이는 아직 이르다」에서 페어플레이를 주장하며 물에 빠진 개는 치는 게 아니라고 설파한 이를 강하게 비판했다. 악한 이들이 조금 약한 척을 하면 바로 불쌍히 여겨 용서해주려는 선한 사람들이 지니는 경향을 우려한 것이다. 물론 루쉰도 무조건 페어플레이를 배격하지는 않는다. 상대를 잘 보고 하라는 것뿐이다. 우리가 어떤 '개'를 상대했었는지 잘 봐야 한다. 그리고 개는 결코 한 마리가 아니다.

    이 사진집 1부에 수록된 사진들은 대부분 촛불집회를 기록한 것들이다. 박근혜를 파면시킨 이 촛불집회를 두고 무혈혁명이라고 표현하는 사람들이 더러 있다. 대통령 파면이 결정된 3월 11일에 탄핵에 반대하는 이들 가운데 사상자가 난 것을 제외하면, 실제로 탄핵 국면에서 누가 피를 흘리는 일은 없었다. 하지만 시야를 최근 몇 달이 아니라 '박근혜 4년'으로 확장하면, 무혈이라는 말이 무색할 정도로 잔인했던 시간들이 떠오른다. 세월호뿐만 아니라 정부와 결탁한 재벌 기업에서, 안전관리도 제대로 이루어지지 않는 전철역에서, 송전탑을 강요당한 밀양 같은 지역에서, 그리고 바로 광화문에서 죽음으로 내몰린 이들을 생각한다면, 무혈혁명이네 명예혁명이네 하면서 좋아하고 있을 수만은 없다. 그들의 죽음은 결코 박근혜 개인에 의해 초래된 것이 아니다. 그렇다면 대통령 하나 파면시킨 것만 가지고 그들의 죽음 앞에 우리는 떳떳할 수 있을까?

이 사진집에도 여러 죽음들이 기록되어 있다. 그 가운데 하나인 기아자동차 사내 하청업체 해고노동자였던 윤주형 씨가 죽음에 앞서 남긴 말은 우리의 '현실'을 잘 보여준다. "세상에 낳는 건 누구나 평등해도 사는 일은 그렇지 않았는데, 참 다행인 것은, 그 누구의 죽음을 자신의 의지로 선택할 수 있다는 것이네요. 다행, 참 다행." 유일하게 남겨진 자유의지의 발현으로 선택된 자살. 그런 선택지의 존재를 다행으로 여겨야 할 정도로 우리의 삶은 파괴되어 있다. "조직도 노조도 친구도 동지도 차갑더라"고 자신의 심정을 털어놓고 "아무도 내 이름을 기억하지 않았으면" 하는 그의 말 앞에서, 이 사회에 대한 절대적인 '거부'의 표현인 그의 자살 앞에서 우리는 스스로의 위치를 다시 돌아보지 않을 수 없다. 우리는 누군가에게는 가해자, 적어도 방관자였을 순 있다.

「살아남은 자의 슬픔」이라는 잘못된 제목으로 알려진 브레히트의 시가 생각난다. 원래 「나, 살아남은 자」라는 제목의 이 시 전문은 다음과 같다.

> 물론 나는 알고 있다. 오직 운이 좋았던 덕택에
> 나는 그 많은 친구들보다 오래 살아남았다. 그러나 지난
>   밤 꿈속에서
> 이 친구들이 나에 대하여 이야기하는 소리가 들려왔다.
> "강한 자는 살아남는다."
> 그러자 나는 자신이 미워졌다.

잘못 알려진 제목 때문에 마치 살아남은 사람도 힘들다는 하소연처럼 읽히기도 하는 이 시를 통해 브레히트가 말하고 있는 것은 틀림없이 살아남은 자에 대한 규탄이다. 죽은 자들의 규탄에 우선 귀를 기울이고 그들을 죽게 만든 이 사회에서 구체적으로 자신이 어디에 위치하며 무엇을 했는지 확인하는 작업을 시작하지 않는다

면, 우리는 영영 죽은 자들을 두려워해야만 하게 된다. 최근 몇 년 사이에 등장한 좀비영화들이 우리가 죽은 자들을 외면하면서 살아가고 있는 데서 오는 무의식적인 불안을 반영하고 있는 것처럼 말이다.

이 사진집에서 우리는 물대포를 맞아 쓰러진 백남기 농민의 손을 볼 수 있다. 아직은 살아 있었던 그의 손은, 그러나 다시는 움직이지 않았다. 서울 한복판에서 벌어진 공권력에 의한 살인행위로부터 500일 이상이 지났지만 여전히 그 사건의 진실은 밝혀지지 않았다. 그에게 정조준을 해서 물대포를 발사하고, 쓰러진 뒤에도 주변 사람들이 옮기는 그의 몸을 따라간 물대포를 조작했던 이는 누구인가. 시위를 해산시키기 위한 것이라고는 도저히 볼 수 없는 의도적인 살인행위가 어떻게 가능했는지, 누가 어떤 명령을 하고 또 무슨 생각으로 실제로 그렇게 했는지 우리는 알아야 한다.

국가폭력 일반이라는 것은 결코 존재하지 않는다. 모든 폭력은 개별적이고 구체적이다. 그런데 그러한 폭력들이 작동하는 시스템이 불투명하고, 구체적인 결정

과정이 잘 보이지 않을 때, 우리는 막연하게 강력한 국가폭력이라는 것을 상상하게 된다. 사실 이것 자체가 권력이 노리는 효과이다. 권력은 익명적인 것이 될수록 공포스러운 존재가 될 수 있다. 박근혜 정권이 보인 강한 불투명성이 어찌 보면 그들의 통치방식 자체인 셈이다. 이런 지배에 저항하기 위해서 우리는 진실을 직시하고 끝까지 밝혀내려는 의지와 용기를 가져야 한다. 더 이상 덮어놓을 수는 없다. 그런데 이런 작업을 할 때, '모두가 가해자'라는 말은 마치 도덕적인 것처럼 보일지 모르지만 실제로는 '모두가 피해자'라는 말만큼이나 해로운 말이다. 어떤 상황에서 얼마만큼 가해자였는지 구체적으로 생각할 때만, 그 성찰은 새로운 사회의 기반이 될 수 있다. 그리고 그것은 자신이 받은 피해를 구체적으로 상기하고 기억하는 일이 되기도 할 것이다. 그래서 나도 '박근혜 4년'을 살아오면서 '전과자'가 된 과정을, 나를 '범죄자'로 만든 이들을 잊지 않기 위해 이 자리에서 공개적으로 기록해둔다.

2014년 5월 17일, 나는 안국동로터리 근처에서 시위를 하다 연행되었다. 정확하게는 해산명령 뒤에 인도로 올라가 귀가하려고 하던 중에 전경들에게 포위되어 연행되었다. 그날과 다음날 이틀 사이에 200명이 넘는 사람들이 연행되었고, 사법처리하겠다는 경찰청의 언명대로 대부분이 기소되었다. 일반 교통방해죄로 나를 기소하고 벌금 300만 원을 구형한 이는 당시 서울지검에 있던 이성식(李成植) 검사, 서울대 법대 재학 중이던 2000년에 사법고시에 합격해 검사가 되었다는 이 '엘리트' 검사는 2015년 메이데이 때 알바노동자들의 노동조건 개선을 위해 맥도날드를 항의방문하다 경찰에 의해 체포되기까지 한 알바노조 위원장에 대한 구속영장을 청구하기도 하고, 또 다름 아닌 백남기 농민을 죽인 2015년 11월 14일 민중총궐기집회에 대한 수사를 맡아 민주노총 한상균 위원장을 기소했던 사람이기도 하다. 하지만 그는 기소만 하고 실제 공판은 그보다 훨씬 젊은 정종원(鄭鍾元) 검사가 맡았다(내 기억으로는 실제 법정에는 젊은 여성이 나왔었지만 서류상으로는 정종원이라는 남성이 맡은 것으로 되어 있다). 그 또한 서울대 법대 재학 중에 사법고시에 합격한 사람이다. 그런데 1심에서는 검찰 측 구형의 10분의 1밖에 되지 않는 벌금이 선고되었다. 그러자 정종원 검사는 바로 항소를 했고, 항소이유서에서 그 이유를 다음과 같이 설명했다. "피고인들은 이 사건으로 재판을 받는 과정에서 불법시위에 대한 자신들의 잘못을 뉘우친다는 취지의 단 한마디도 하지 않고, 마치 자신들이 부당한 공권력에 의하여 탄압을 받은 것이며 역사는 자신들의 행동을 정당하게 평가할 것이라는 취지의 이야기만 반복하여 진술했습니다. 피고인들은 자신의 범행의 잘못을 전혀 인식하지 못하고 있는 바, 반드시 엄벌이 필요하다고 할 것입니다." 결국 대법원까지 간 이 소송에서 검찰의 엄벌 요청은 받아들여지지 않았지만 내가 '범죄자'였다는 '사실'은 남게 되었다.

이것은 물론 '사소한' 사건이다. 나와 그 주변에 있는 몇 명을 빼고는 기억되는 일도 없는 사건에 불과하다. 그리고 나를 공권력 앞에 굴복시키려고 했던 이 검사들도 개인적으로 보면 악한 사람은 아닐 수도 있다.

하지만 아마도 큰 고민이나 갈등도 없이 잘 알지도 못하는 누군가의 삶을 파괴하려고 할 수 있는 이런 '엘리트'들의 존재 없이는 박근혜 정권이 굴러갈 수 없었다는 것도 틀림없는 사실이다. '적폐'는 멀리 있지 않다. 적폐 청산은 이런 이들도 반성하게 만드는 것이어야 한다. 이 사진집에는 송전탑 건설에 반대하는 주민들을 폭력으로 몰아내고 움막을 파괴한 뒤 기념촬영을 하는 경찰관들의 모습도 기록되어 있다. 공감능력의 결여는 박근혜만의 문제가 아닌 것이다. 그것은 이미 퍼져 있다.

그런데 적폐 청산에 대해 생각하다 보면 그 과제가 결코 '박근혜 4년'에 한정될 수 없다는 사실을 마주하게 된다. 실제로 이 사진집에 들어가 있는 4대강, 밀양 송전탑, 강정 해군기지 등은 박근혜 정부가 시작한 일이 아니며, 비정규직이나 재개발 문제 또한 새롭게 등장한 문제는 아니다. 흔히 '이명박근혜'라고 표현하는 것처럼 '박근혜 4년'에 대한 질문은 '이명박 5년'으로 확장될 수밖에 없다. 사실 '박근혜 대통령'이라는 존재 자체가 이명박 정부의 작품이다. 이명박 정부가 저지른 수많은 부정부패를 덮어두기 위해서는 무슨 일이 있어도 정권 교체만은 막아야 했기에 그들은 온갖 '찌꺼기'까지 긁어모아 '51%'를 만들어냈다. 99%의 삶을 파괴하면서 치부했던 신자유주의 신봉자들이 유신 잔당과 손을 잡아서 만든 것이 이번 정권이었던 셈이다. 이와 같은 뉴라이트와 올드라이트의 합작은 헬조선이라는 말을 낳게 할 만큼 파괴적이었다.

여기서 한 걸음만 더 나아가보자. 그럼 '이명박 5년'은 어떻게 가능해졌을까? 대통령을 퇴임하고 봉하마을에서 지내던 노무현이 찾아온 시민들과 인사를 나누는 장면이 떠오른다. 오래전에 본 거라 정확히 기억나진 않지만, 그는 웃으며 대강 이런 말을 했었다. "저 덕분에 집값이 올라서 좋죠?" 농담이긴 하겠지만 집값이 오르면 이득이 생기는 사람들을 자신의 지지층으로 생각하지 않았다면 할 수 없는 말이다. 그의 대통령 재임 시기는 재테크바람이 심하게 불었던 시기였고, 많은 사람이 불로소득에 미쳤었다. '좌파 신자유주의'라고도 표현했던 노무현의 경제정책이 적어도 그런 욕망을 억제시키는 것이 아니었음은 분명하다. 지금 노무현을 그리워하는 사람이 아주 많지만 그때가 좋기만 한 그런 시절이 아니었다는 것을, 민주화의 성과를 서서히 갉아먹고 있던 그런 시기였음을 잊어서는 안 된다. 물론 그 뒤에 집권한 두 대통령과 비교를 했을 때, 그가 훌륭한 사람이었다는 것은 사실이다. 하지만 대통령의 인격 하나로 사회가 변할 순 없고, 변해서도 안 된다. 그래서 우리는 '큰 개'만이 아니라 주위에 널린 '작은 개들'을 문제 삼아야 하는 것이다.

'작은 개들'과의 싸움을 생각할 때, 여성들이 만들어낸 변화에 주목하지 않을 수 없다. 탄핵 국면을 만들어내는 데 중요한 계기가 된 것이 이화여대생들의 투쟁이었다는 사실이 상징하는 것처럼, 젊은 여성들이 유신체제와 같은 마초독재에 '내조'하는 역할을 거부하기 시작하면서 지금 이 상황은 가능해졌다. '박근혜 4년'을 겪으면서 우리는 '엄마부대봉사단'이라는 추악한 인간들의 모습을 보기도 했고, '반동성애집회'나 '태극기집회'에서 나이 많은 여성들을 수없이 보기도 했지만, 그런 존재는 이제 효과적으로 재생산되지 않는다. 강남역 살인사건에 대한 여성들의 대응이 잘 보여주었듯이, 이제 젊은 여성들은 자신을 억압하려는 남성들에게, '작은 개들'에게 겁먹지 않고 연대하기 시작했기 때문이다. 사실 70년대에 유신체제에 맞서 끈질기게 싸웠던 것도 다름 아닌 젊은 여공들이었다. 작은 개들과 계속 싸워왔던 여성들의 역사에서 우리는 많은 것을 배워야 할 것이다.

아니, 어떻게 보면 그들을 '여성'이라고 부르는 것도 적절하지 않을지도 모르겠다. 광화문광장에서 펄럭이는 무지개깃발을 본 사람은 많을 것이다. 1987년 6월민중항쟁과 아마도 가장 큰 차이점은 촛불에는 아주 다양한 주체들이 등장했다는 점일 텐데, 그 가운데 하나로 성소수자들의 존재는 중요하다. 보통 말하는 사회계층(노동자, 농민, 학생, 주부 등등)과는 질적으로 다른 주체위치에서 말하는 이들이 커다란 변혁의 공간에서 가시화되었다는 사실이 지니는 의미는 결코 과소평가될 수 없다. 그들은 사회적 규범에 저항하면서 스스로의 욕망을 드러내는 존재이다. 그렇기에 그들에게는 일상 자체가 항상 이미 새로운 사회를 만들기 위한 실험이 된다. '나중은 없다'는 구호가 나올 수 있는 것도 그들이 이미 새로운 사회를 향한 작업을 시작했기 때문인데, 주어진 옷에 맞추어 몸을 만드는 습관을 버리고 진정 새로운 사회를 만들고 싶다면 '퀴어'는 우리의 구호이자 희망이 될 수 있다.

그런데 퀴어란 꼭 성적인 것에 한정될 필요는 없다. 그것이 우리의 신체를 규범에서 자유롭게 만드는 것이라면, 장애인들의 투쟁 역시 이 사회를 더 퀴어하게 만들기 위한 작업이라고 볼 수도 있기 때문이다. 탄핵이 인용된 다음 날 촛불집회 때도 어김없이 청와대 앞까지 행진이 있었는데, 수많은 촛불시민들이 청와대 앞에 도착했을 때 그들을 맞이한 이들은 먼저 그 자리에 와서 시위를 하던 장애인들이었고, 대부분이 광화문광장으로 돌아간 뒤 끝까지 남아 경찰들의 경고방송까지 들었던 이들은 세월호 유가족들과 휠체어를 탄 한 여성이었다. 많은 사람들이 촛불혁명의 승리를 자축했지만, 이들에게는 아직 승리의 날은 오지 않았다. 장애등급제, 부양의무제 등 장애인들을 옭아매는 제도는 그대로 남아 있지만, 장애가 없는 대부분 사람들은 그것이 민주화의 과제라고 생각하지도 않는다. 그런데 특정인을 위한 민주주의가 과연 민주주의일 수 있을까? 광장에서 우리는 함께 있었지만, 우리를 분단시키려는 힘은 늘 작동하고 있다.

민주주의의 출발점은 우리가 서로 다르다는 사실이다. 더 많은 차이가 사회를 더 풍요롭게 만들지만, 다르면서도 함께하기 위해서 우리는 앞으로도 다양한 기술을 익히고 발명해야 할 것이다. 그러지 못할 때 다시 개들이 우리 주위를 서성이기 시작한다.

『문학3』 2호 (창비, 2017)

정치적 올바름, 광장을 다스리다?

우리를 분열시키는 것은 차이들이 아니다. 그런 차이들을 인식하고 받아들이며 축복할 수 없는 우리의 무능력이 우리를 분열시킨다.

- 오드리 로드

처음에는 이제 와서 '정치적 올바름'이 논의된다는 것 자체가 이해되지 않았다. 원래 미국에서 'political correctness'가 'PC'라는 준말이 되어 많은 사람들의 입에 오르내리기 시작한 시기는 1990년 전후, 일본에서 비슷한 논의가 이루어졌던 것만 해도 90년대 중반쯤으로 기억한다. 그런데 여기서는 왜 지금 '정치적 올바름'일까? 이 질문에 답하기 위해서는 우선 미국에서 PC라는 말이 회자되기 시작한 맥락이 어떠한지 살펴보는 것이 좋을 것 같다.

미국에서 politically correct라는 표현이 처음 사용된 사례는 18세기 말까지 거슬러 올라갈 수 있지만, 현재와 비슷한 뜻으로 사용되기 시작한 것은 1970년대였다. 1970년에 흑인 페미니스트 토니 케이드 뱀버라(Toni Cade Bambara)가 사용한 것이 최초였다고 이야기되는 것처럼, 이 표현은 초기에는 대체로 인종주의나 성주의(sexism)[1]를 비판하는 맥락에서 사용되었다. 하지만 이 말이 대중적으로 사용되기에 이른 것은 조금 다른 맥락에서였다. 1990년을 전후한 시기에 PC라는 말이 급부상했을 때, 그 논의의 주된 대상은 대학교육이었다. 1960년대부터 여성의 대학진학률이 급격하게 높아졌으

---

[1] 일반적으로는 '성차별주의'라고 번역되지만, 차별만의 문제가 아니라 '성'을 기분으로 사유하는 것 자체를 문제 삼는 것이기 때문에 여기서는 '성주의'라고 번역한다.

며, 행정적으로 시행되기 시작한 '적극적 차별시정 조치(affirmative action)', 계속된 이민의 증가 등으로 인종적으로도 다양한 이들이 들어오게 되면서 이제 '백인 남성'을 기준으로 삼을 수 없게 된 대학에서, 학생들에게 가르쳐야 할 인문학의 정전(canon)이 무엇인지가 논란이 된 것이었다. 이런 생산적일 수도 있던 논의 구도를 보수파들이 자신들에게 유리하게 바꾸는 데 활용된 것이 다름 아닌 PC였다.

그들은 '우리의 자유 전통'을 파괴하고 개개인의 사유를 규제하려 드는 억압적인 것으로 PC를 그려냈다. '희생자의 혁명(the victim's revolution)' '소수자의 압제(tyranny of the minority)'와 같은 자극적인 표현을 써 가며 PC에 의해 자유로운 대학 교육이 위협받고 있다고 주장한 인도 출신의 미국인 디네시 드소자(Dinesh D'Souza)[2]가 쓴 『부자유스러운 교육』(Illiberal

---

[2] 그는 80년대 말에 레이건 행정부의 정책 고문을 맡기도 했던 인물이지만 최근에는 영화감독으로 유명하다. 그가 2016년에 제작한 〈Hillary's America〉는 최악의 영화를 뽑는 골든라즈베리상에서 최악의 작품상, 최

Education, 1991)과 같은 책이 베스트셀러가 되고, 부시(George H. W. Bush) 대통령이 1991년에 한 대학 졸업식에서 PC를 어떤 표현이나 행위를 금지시키는 억압적인 것으로 공공연하게 언급했던 것을 보면 당시 분위기를 알 수 있다. 이제 한국에서도 많이 볼 수 있는 '페미나치'와 같은 말이 등장한 것도 이 무렵인데, 보수파들은 기득권에 대한 다양한 비판들을 PC라는 이름을 통해 일종의 '전체주의'로 둔갑시키는 데 성공한 셈이다.

그런데 PC에 대한 이러한 공격이 순식간에 확산된 데에는 나름의 근거도 있었다. 80년대 후반부터 미국의 여러 대학에서는 혐오발화를 금지하는 '발화 규제(speech code)'가 제도적으로 시행되기 시작해 대학 안에서 '말조심'을 해야 되는 분위기가 조성되어 있었다. 1991년 당시 발화 규제가 있는 대학이 300개가 넘었다는 사실이 당시의 분위기를 잘 보여준다. 물론 어떤 대

악의 감독상, 최악의 남우주연상(본인이 주연), 최악의 여우주연상을 싹쓸이해 4관왕의 위엄을 달성하기도 했다.

학에서 이 발화 규제를 위반했다고 백인 학생이 흑인 학생을 고발하는 경우도 적지 않게 있었으며 실제로 흑인 학생이 징계를 받기도 했던 것처럼, 이 규제는 꼭 소수자의 이익을 지키는 것만은 아니었다. 하지만 발화 규제는 대학에서 '소수자의 이름으로' 표현의 자유가 실제로 규제되는 사례였으며, 연방법원에서도 대체로 표현의 자유를 보장한 헌법에 위배된다고 판단하고 있었기 때문에 '소수자가 다수자를 억압하고 있다'는 '반PC 담론'이 자라나는 토양이 되기에 충분했다.

PC에 대한 광범위한 반감을 이해하기 위해서는, 그 현상을 단순히 기득권자들의 저항으로 보는 것이 아니라, 강요된 규제에 대한 반발이라는 측면이 있다는 점을 일단 확인해두어야 할 것이다.

그런 점에서 여기서 우리가 더 주목해야 할 것은 그 규제의 주체가 누구냐는 점이다. PC나 발화 규제를 둘러싼 갈등을 단순히 보수 대 진보, 또는 다수자 대 소수자라는 이분법으로 바라보게 되는 경우, 우리는 바로 이 지점을 놓칠 수 있다. 대학에서 이루어지는 발화 규제에서 그 규제를 실시하는 주체는 소수자 자신이 아니라 학교 당국이다. 그리고 그들의 목적은 엄밀하게는 소수자의 권리를 옹호하기 위한 것이라기보다 대학 안의 질서와 치안을 유지하는 데 있다. 즉, 혐오발화를 통해 이미 구조적으로 존재하고 있는 갈등이 드러나서 문제가 생기는 것을 방지하기 위해 발화 규제가 있는 것이며, 거기서 소수자들은 혐오에 직접 맞서는 주체가 아니라 '보호받아야 할 약자'로만 있어야 한다. PC에 대해 생각할 때 무엇보다도 고민해야 할 것은 소수자를 대신해 등장하는 이 권력의 문제이다.

오래 전에 스튜어트 홀(Stuart Hall)이 소수자나 좌파들이 PC를 주장하게 된 것이 운동이 수세에 몰렸기 때문이라고 지적한 것처럼, 미국에서도 1950년대 중반부터 시작된 흑인시민권운동, 그리고 68혁명을 통해 분출된 다양한 소수자들의 운동 속에서 흑인이나 소수자는 혐오발화에 대항발화로 맞섰으며, 오히려 표현의 자유를 쟁취하기 위해 싸웠다. 그런데 흑표범당(Black Panther Party)을 비롯하여 60~70년대에 등장한 소수자들의 혁명적 운동들이 극심한 탄압을 받는 한편, 적극적 차별시정 조치 등으로 그들이 제도 안으로 흡수되는 회로가 형성되면서 소수자들의 정치적 주체성은 약화되어 갔다. 말하자면, 규범에 저항하는 투쟁으로 형성된 '소수자/소수성의 정치(minority politics)'가 규범의 다양화를 의미하는 '정체성의 정치(identity politics)'로 대체되는 과정이 있었던 것이다. PC는 바로 이러한 정체성의 정치의 산물이며, 그것의 정책적 표현이 다문화주의였다. 그런데 호주에서 활동하는 레바논 출신의 인류학자 가싼 하지(Ghassan Hage)의 날카로운 지적처럼, 백인이 지배적인 상황 자체를 건드리지 않는 다문화주의는 소수자들을 분류해서 가두는 동물원을 낳을 뿐이다. 흔히들 PC가 다수자에게서 소수자를 보호한다고 생각하지만 그것은 큰 착각이다. PC나 다문화주의는 하나의 운동으로, 생성(becoming)으로 존재하는 소수자를 고정된 존재(being)로 길들이기 위한 장치이며, 그것은 어떻게 보면 소수자에게서 다수자를 보호하기 위해 존재한다.

PC가 일종의 '교양인의 매너'로 받아들여지는 것도 이와 같은 전략의 연장선상에서 이해할 수 있다. PC는 '괜히 소수자를 건드리지 않기 위한', 갈등을 예방하기 위한 규범으로 기능하는 것이다. 그리고 그 결과 갈등은 '배우지 못 한 놈'과 소수자 사이로 전위(轉位)되며, 권력을 가진 자들이 구경하는 앞에서 가난한 이들과 소수자들이 충돌하는 상황이 연출되기도 했다. 작년 미국 대선의 결과는 바로 그러한 대결 구도의 산물이다. 그럼 한국 사회는 어떨까? 이제 와서 '정치적 올바름'이 논의된다는 것은 이제야 이 사회에서도 소수자들이 무시할 수 없는 존재가 되었다는 사실을 반영하고 있다. 그리고 미국과 마찬가지로 소수자들의 가시화는 혐오발화의 확산을 동반했으며, 그것에 대한 대응이 사회적인 이슈가 되어 있다. 작년 촛불집회에서도 가사에 '여혐'이 포함되어 있는 가수의 공연이 취소되는 일이 있었고, 또 '년' '병신'과 같은 표현이 그 자리에서 비판받기도 했다. 그런데 이것이 과연 '정치적 올바름'의 문제일까?

앞서 미국 사례를 길게 이야기했는데, 그것은 소수

자들에 의해 이루어지는 문제제기가 '정치적 올바름'의 문제로 수렴되었을 때 어떤 일이 벌어지는지 확인하기 위한 것이었다. 물론 지금 적지 않은 성소수자들이 차별금지법 제정을 요구하고 있듯이, 넘쳐나는 혐오에 대한 대응책이 시급한 것은 사실이다. 하지만 그 대응이 법적인 처벌이나 어떤 규범의 강요에 주로 의지하게 된다면, 그것은 결국 이 사회를 근본적으로 바꾸는 동력이 되지 못할 것이며, 억압된 것은 언젠가 반드시 돌아오고야 만다. 우리가 미국 PC의 역사에서 확실하게 배워야 할 것은, 그것이 결코 사회 변혁을 위한 방법이 아니었다는 점이다.

우리가 차별이 없는 민주적인 세상을 원한다면, '정치적 올바름'은 추구해야 할 가치라기보다 오히려 피해야 하는 태도이다. 미국의 대학들에서 도입된 발화 규제와 마찬가지로, '정치적 올바름'이란 기본적으로 갈등을 회피하고 예방하기 위한, 결국 차별과 억압의 역사가 새겨진 구체적인 존재와 직접 관계를 가지게 될 가능성을 줄이기 위한 기술이다. 그런 기술을 갖춘 이들은 '장애인'이나 '성소수자'와 평화롭게 공존할 수 있을지도 모른다. 하지만 그 세계에는 범주로서의 '장애인'이나 '성소수자'가 있을 뿐, 구체적인 사람은 존재하지 않는다. 그리고 바로 그렇기에 자신의 예상에 어긋나는 행동을 접하게 된 경우 그들은 쉽게 혐오로 돌아설 수 있다. 이번 대선 과정에서 문재인 지지자들이 성 소수자들에게 보인 태도가 바로 그런 것이었다. 그들은 평소부터 적극적으로 동성애에 대한 혐오를 드러내며 공격하는 사람들이 아니었을 것이며, 대부분은 성소수자에 대한 차별에 반대하는 입장이었을 것이다. 하지만 '사회적 약자'로서의 성소수자에 대한 동정어린 시선은, 그들이 문재인을 '공격'했다고 생각하자 돌변했다. 말하자면 그들은 성소수자에 대한 '정치적으로 올바른' 편견에서 '정치적으로 올바르지 못한' 편견으로 갈아탄 것이고, 그들의 인식 속에 구체적인 성소수자들은 존재하지 않았다.

갈등을 회피하기 위한 기술로 '정치적 올바름'을 이해한다면, 이것이 광장에 들어오는 것이 얼마나 치명적인지 알 수 있다. 서로 다른 사람들이 모여 뒤섞이는 광장에서 갈등은 결코 피할 수 없다. 그리고 우리에게 필요한 윤리나 민주주의는 그러한 갈등을 통해서만 생성된다. 물론 다른 사람들과 부대끼는 경험은 힘들고 두려운 것일 수 있다. 갈등을 회피하지 않는다는 것은, 자신이 피해를 입을 가능성뿐 아니라 어떻게 보면 자신이 가해자가 될 각오도 해야 된다는 것을 의미하기 때문이다. 하지만 그것을 회피하고 있는 한, 세상은커녕 나 자신도 변할 수 없다. '착한 방관자'는 아무것도 바꾸지 못한다.

그런 점에서 '정치적 올바름'은 전혀 정치적이지 않다. 정치란 가치들 사이에서 벌어지는 갈등이며, 그 과정 속에서 사람이 변할 수 있다는 것을 전제로 한다. 정치는 올바름이라는 규범적 사법적 개념과는 근본적으로 다른 것이다. '정치적 올바름'이란 그 의미에서 정치의 규범화이며, 더 분명하게 말하면 정치의 죽음이다. 광장에서 우리는 새로운 정치를 만들어내야 하는 것이지, 거기에 규범을 도입하는 것은 광장의 힘을 분열시켜 약하게 만들 뿐이다. 시인 오드리 로드(Audre Lorde)는 「주인집은 결코 주인의 도구로 해체할 수 없다」라는 글에서, 사회적 규범에서 벗어나 있는 여성들에게 생존이란 "우리의 차이들을 어떻게 다루어야 하는지 배우는 일이며, 그럼으로써 그것을 힘(strength)으로 바꾸는 일"이라고 지적했다. 우리가 지닌 수많은 차이들을 우리의 힘으로 바꾸기 위해서는 우선 그 차이들을 다루는 방법을 배워야 한다는 것이다. 여기서 말하는 배움이란 지식의 전달이 아니라 상호적인 변화를 통해 새로운 관계가 생성되는 과정을 말한다. 우리가 광장의 경험을 새로운 사회의 출발점으로 삼기 위해 필요한 것은, 갈등을 두려워하지 않고 기존의 '나'를 깰 수 있는 이러한 배움을 시작할 용기이다.

무명의 말들

후지이 다케시 지음

초판 1쇄 발행 2018년 12월 21일
초판 3쇄 발행 2019년 9월 9일

펴낸곳 포도밭출판사
펴낸이 최진규
등록 2014년 1월 15일 제2014-000001호
주소 충청북도 옥천군 옥천읍 삼금로1길 10, 2층
전화 070-7590-6708
팩스 0303-3445-5184
전자우편 podobatpub@gmail.com

ISBN 979-11-88501-06-9 03300

이 도서의 국립중앙도서관 출판예정도서목록(CIP)은
서지정보유통지원시스템 홈페이지(http://seoji.nl.go.kr)와
국가자료공동목록시스템(http://www.nl.go.kr/kolisnet)에서
이용하실 수 있습니다. (CIP제어번호 : CIP2018038915)

이 책은 저작권법에 따라 보호받는 저작물이므로
무단 전재와 복제를 금합니다.

책값은 뒤표지에 있습니다. 잘못된 책은 바꾸어 드립니다.